Quarthefte:
Erstausgaben
zeitgenössischer
Literatur

Q

GIORGIO MANGANELLI

Das indische Experiment

Aus dem Italienischen
von Marianne Schneider

Verlag Klaus Wagenbach Berlin

Die Originalausgabe erschien 1992 unter dem Titel
Esperimento con l'India
bei Adelphi Edizioni, Mailand

Das indische Experiment erschien
im September 1994 im Rahmen des
Jubiläumsprogramms
30 Jahre Verlag Klaus Wagenbach

Quartheft 190

Der Umschlag verwendet ein Foto
von Raghav Kaneira
Gesetzt aus der Korpus Bembo durch die
Offizin Götz Gorissen, Berlin
Druck und Bindung von Wagner, Nördlingen
Gedruckt auf chlor- und säurefreiem Papier

ISBN 3 8031 0190 5

Das indische Experiment

Einer, den ich weniger kenne, aber mit dem ich gezwungenermaßen häufigen Umgang pflege, ist im Begriff, nach Indien zu fahren: Diese Reise hat er sich immer gewünscht, solange ich ihn kenne, und nicht selten war es mir, als käme sein finsteres Wesen daher, daß er noch keinen Quadratzentimeter indischen Bodens gesehen hatte. Wie alle, die Hesses *Siddhartha* gelesen haben, mißtraue ich den Leuten, die so hypnotisch und so schmachtend, mit solcher Sehnsucht und Hingabe nach Indien reisen möchten. Ich weiß nicht, ob mein Freund *Siddhartha* gelesen hat, aber er dürfte keinesfalls viel darauf gegeben haben. Dieser Tage bin ich ihm begegnet und habe ihn genauso niedergeschlagen und finster angetroffen wie gewöhnlich. Nur daß seine Verdrossenheit einen Grundzug leicht beunruhigender Weisheit zugleich verbarg und durchblicken ließ. »Kaum zu glauben«, sagte er, indem er sich bei mir unterhakte, als wäre ich ein Trauergast bei einer Gedenkfeier, »kaum zu glauben, wie viele psychologische, intellektuelle und philosophische Fehler einer machen kann, der dabei ist, nach Indien zu reisen. Eigentlich kann ich fast sagen, daß ich in den letzten zehn Tagen schon eine ›Reise nach Indien‹ gemacht habe, ich bin völlig erschöpft. Ich könnte meine Fahrkarte zerreißen und hätte trotzdem die Etappen einer Reise zu erzählen. Weißt du eigentlich«, sagte er unversehens, »daß die Griechen sagten, dort sei die Heimat des Dionysos? Das muß wahr sein; denn seit zehn Tagen lebe ich in Ekstase: kalter Schweiß, Schauer, Schlaflosigkeit und zugleich Alpträume.« Ich murmelte ihm meine Sympathie zu. Er hörte mich gar nicht, und ich bin keineswegs sicher, ob er wußte, daß er in dem Moment neben mir ging. »Zum Beispiel: wenn einer dabei ist, nach Indien zu fahren, meint er plötzlich, er sei ein Genie. Nur Genies, oder?, du verstehst mich doch … Indien. Stimmt aber natürlich nicht. Indien, das ist die große Verführerin, die dir einredet: ›Wenn du zu mir kommst, bist du ein Gott, ein Schlangenbeschwörer, eine Schlange; du bist mein Geliebter seit eh und je!‹« »Trivialliteratur«, flüstere ich. »Von der schlimmsten Sorte«, sagt mein Freund, »aber es ist nicht leicht, auf eine so große und großzügige Trivialliteratur zu verzichten. Warum verzichtet man nicht auf eine große Liebe? Weil sie literarisch gesehen das Trivialste ist. Und irgendwer sagt dir auch: Komm doch und suche die Orte deiner früheren Reinkarnationen. Weißt du, einmal hat mir schon geträumt, ich würde in Patna leben. Könnte ja sein.« Er seufzt: »Dann fällt dir ein, daß es mit dir zu Ende ist, sobald du nach Indien kommst; du beginnst, Levitationen und Visionen zu haben, stolperst über ein Mandala, begegnest einer Shakti und lernst den großen Fluß des Daseins kennen.« (Vielleicht hat er doch *Siddhartha* gelesen.) Er schüttelt den Kopf. »Es ist so eine Geschichte mit Lotosblumen, wie in Este in der Nähe von Rovigo, weit offene Augen, aber ohne Pupillen, Curry und Monsun; und heilige Kühe, oder?« fügt er hinzu, als würde er eine nutzlose Ermutigung erwarten. Mir ist nicht klar, ob er die heiligen Kühe nun will oder ob er sie ablehnt. »Außerdem«, sagt er mit plötzlichem, verhaltenem Feuer, »hat Indien zugleich etwas Tragisches und etwas Sanftes, die Mönche kehren den Weg mit einem kleinen Besen, vor jedem Schritt, damit sie keine Insekten zertreten. Ich lese gerade die *Bhagavadgita*«, fügt er hinzu, mit einem merkwürdig vulgären Unterton, den ich als nördlich, vielleicht mailändisch erkenne, »und weißt du, was ich dir sage? Der Krishna gefällt mir. Das ist ein Gott. Hoffentlich lerne ich ihn kennen.« Verängstigt sehe ich ihn davonlaufen, und ich laufe mit.

Das Flugzeug surrt, kein Zweifel, ich bin versucht zu sagen, es schnurrt: ein höchst eigenwilliges Schnurren: geistig, nachdenklich, abstrakt. Es ist ganz offenkundig, daß sich dieses Flugzeug eines außergewöhnlich guten Gewissens erfreut; ich weiß zwar nicht, ob der jüngste schwindelerregende Fortschritt in den theologischen Wissenschaften auf spezifische Sakramente gestoßen ist, die in den zartbesaiteten Walfischseelen der Flugzeuge Trost spenden, aber dieses Luftschiff macht unleugbar und peinlicherweise den Eindruck, als würde es mit dem Universum in Einklang stehen. Es ist glänzend, eiförmig, lässig geometrisch, gleicht manchen Gegenständen, von denen man gelegentlich träumt und die dann dem Psychoanalytiker ein fassungsloses »tatsächlich?« abringen. Dieser tausend Tonnen schwere Schmetterling benimmt sich, als gehörte er zum Abendkleid eines Engels. Auch die Note noblen Vasallentums, die vor Jahrhunderten ein Butler als unerbittlicher Wächter über eine Familienehre auszuüben pflegte, geht ihm nicht ab. Peinlich sagte ich, weil niemand, auf keinen Fall ich selber, sich eines so vollkommen entspannten Gewissens erfreut. Das Flugzeug fliegt nach Indien, und weil ich in diesem Ei enthalten bin, das eine hyperuranische Henne in die Himmel gelegt hat, fliege ich auch nach Indien. Nach Indien zu fliegen, scheint für das Flugzeug mit seinem Heiligenschein eine angenehm selbstverständliche Unternehmung zu sein. Eine jener Aufgaben, die uns zuversichtlich in die Welt blicken lassen: eine Aufgabe wie die des Milchmanns in den englischen Romanen der Jahrhundertwende, der im Morgengrauen seine Flasche hinstellte, oder des Zeitungsausträgers, der ein Exemplar der Tageszeitung mit ihren geruhsamen Schlachten, schweigsamen Blutbädern und gut aufgehobenen Katastrophen daneben legte. Lauter Dinge, die für den Gleichklang des Daseins sorgen. Ich muß sagen, das Flugzeug hat alles getan, was es konnte, um es mir behaglich zu machen: Es hat mir ein anständiges Essen serviert und ihm mit einem Glas Chablis und einem Glas Nuits-Saint-Georges seine Weihe gegeben. Sehr feinfühlig ausgedacht finde ich, aber es beruhigt mich nicht. Nun sitze ich allein in dem Wohnzimmer, das von dem fürsorglichen Flugzeug eigens für empfindsame Seelen erzeugt wurde, und denke an das Unmögliche: Ich bin auf dem Weg nach Indien. Ich seufze und sauge an einem Whiskyglas, eigentlich nippe ich nur an dem feinen Getränk, denn mit jedem Kilometer nimmt meine Seelenmenge zu. Ich bin ein *Siddhartha*-Reisender: eine edle und exotische Art des Reisens. *Siddhartha* ist, wie alle wissen, ein Buch voll Poesie und eleganter Tiefe. Es paßt zu meinem Whisky, so samten und edel. Meine Seele, die ich nach und nach aus meinen Innentaschen herausziehe, finde ich durchsichtig und flockig. Und trotzdem ist mir nicht geheuer. Der liebevolle Sitz ist mir kein Trost. *Siddhartha*, so sage ich mir immer wieder, ist eine gedankenvolle Interpretation Indiens. Hast du das gemerkt? sage ich zu mir. Keine Liebesumarmung – o, der Geist in mir tritt über den Rand wie der Schaum aus dem Bierglas – ohne Anspielung auf den Großen Kreislauf des Daseins. Es ist ein Buch – so versuche ich es mir behaglich zu machen – voll »edler und leuchtender Hellsichtigkeit«. In *Siddhartha* wird an allegorischen Flüssen gestorben, und gewöhnlich riecht es überall nach dem verzehrend duftenden Sandelholz. Es wimmelt nur so von Meistern und Jüngern, Erfahrungen und Erleuchtungen. Es geht asketisch und fleischlich zu. Wird Indien so sein? Wenn man das Buch von Hesse liest, vergißt man, daß es Exkremente gibt. Das sieht edel aus, aber ist es auf die Dauer auch ehrlich? In höchster Aufregung frage ich mich, ob es überhaupt ehrlich sei, eine Seele zu haben. Ich versuche die meine in die Eingeweide zurückzubetten, aber die weiß natürlich, daß ich auf dem Weg nach Indien bin, und kommt ständig herausgeschwitzt. Ich trinke, eigentlich schlürfe ich gierig einen Schluck Whisky. Er ist süß, ein letzter Gruß des Abendlands, er wird mir mit Anmut dargereicht von einem wohlgesonnenen Ober, einem nur zum Schein menschlichen Wesen, das die große Maschine sicherlich zu meinem Wohlbehagen erzeugt hat. In *Siddhartha* gibt es, soviel ich mich erinnere, auch Bettler und Mönche: Aber ist das nicht alles ein fein säuberliches Spiel mit verteilten Rollen? Bin ich auf dem Weg in eine Welt, wo es so peinsam weise zugeht? Ob wohl der ganze Kontinent nach Sandelholz riecht? Im Geist blättere ich *Siddhartha* durch und ganz zufällig lasse ich es fallen: ins Nichts oder in meine Seele oder in die Welt; ich höre ein Geräusch wie von mahlenden Kiefern, da verspeist jemand den *Siddhartha*; vielleicht ein Geheimnis, ein initiatorischer Mechanismus des Flugzeugs, der die Aufgabe hat, die Träume der Reisenden aufzuzehren, zu verhindern, daß sie in das fliegende Gehäuse einfallen.

Die Reise geht weiter durch die Nacht: Arabien, Wüsten, Berge, Meere habe ich hinter mir gelassen, ich verschwende die Welt, nur um mir das Trinkgeld Indien einzutauschen: eine winzige Münze, eine Rupie, ein Schmuckstück eines Landes, von dem ich einzig weiß, was man aus den Büchern erfahren kann, und das ist weder viel noch klar. Natürlich bin ich nicht nur ein *Siddhartha*-Reisender mit einer schönen Karosserie, sondern ich bin auch ein Vedanta-Fahrer. Mit Christopher Isherwood, dem feinsinnigen Erzähler von Berliner Geschichten, der sich gequält und vertrauensselig zu Füßen des Shri Ramakrishna und des Vivekananda zusammenkauert. Ein überaus klarer Kopf, ein arglistiger, irdischer, planetarischer, großstädtischer Schriftsteller, ein tadelloser Erzähler vulgärer Leidenschaftlichkeit, mittelmäßiger Pein, zuinnerst nächtlicher Abenteuer. Und mit Huxley, einem so geistreichen, nüchternen, wachen Mann: aber auch er kramt im Vedanta herum, auf der Suche nach einer »minimalen Arbeitshypothese«, mit deren Hilfe wir uns erklären könnten, warum wir uns nicht sofort umbringen, spätestens nach erfolgreichem Abschluß der dritten Grundschulklasse. Was gibt es nicht alles im Vedanta: das Absolute und Brahman und Atman, ein unendliches Universum und den Verlust des Ichs: Du bist DAS, aber da, wo DAS dasjenige ist, das du nicht bist. Das Vedanta ist etwas Nobles, so schrecklich nobel, daß nie gelacht wird; voll Unbehagen rutsche ich auf meinem Sitz herum und sage mir, gestehe mir ein, daß ich aus einem Kontinent komme, wo seit geraumer Zeit kein Absolutes mehr produziert wird, und wo ein gequältes trockenes Lachen vielleicht endgültig unsere Gesichter gezeichnet hat. Aber reise ich eigentlich in eine Republik oder in die Heimat des Vedanta? Was weiß, denke, phantasiere ich über Indien? Wie, nach meiner Meinung, viele ideologisch ratlose Europäer habe ich den Eindruck, Indien sei ein Ort mit einer hohen Gottesquote, ein Wald, der Affen, Pfauen und Asketen hervorbringt, wo es noch Meister und Propheten gibt, und wenn man von der Wahrheit spricht, meint man keinen juristischen Tatbestand, sondern die totale kosmische Wahrheit; also Indien wird doch nicht ein kosmisches Land sein? Für uns, die wir nichts Kosmisches mehr haben, abgesehen von unserem bißchen Wochenastrologie, könnte das ein unerträgliches Trauma werden. Es wird doch nicht etwa, so sage ich feig zu mir, ein wenig zuviel Absolutes geben in diesem Land, das sich an Geheimnis und Rätsel freut?

Nehmen wir an, es wäre ein Land, wo die WAHRHEIT gratis an den Straßenecken feilgeboten wird, was würde ich tun, wenn ein uralter, faltiger Bettler seine Hand ausstreckte, nicht um mich zu bitten, sondern um sie mir zu geben, die abschließende WAHRHEIT? »Danke«, würde ich sagen, »das ist genau das, was ich wollte, ich werde sorgfältig damit umgehen, nicht die Kinder damit spielen lassen«; oder werde ich meiner Wege gehen, so tun, als wäre nichts, indem ich seine Geste als Geizhals mißverstehe und meiner tausendjährigen Falschheit treu bleibe? Aber was für eine Vorstellung mache ich mir denn da von Indien? Im Geist blättere ich meine bescheidene Bibliothek durch und finde Identifikationen, Ekstasen und Visionen – ich trinke einen Schluck Whisky, versuche (da mäßig betrunken) wieder normal zu werden. In diesem Augenblick fürchte und verabscheue ich Indien. Aber die Seele sickert weiter durch: Da gibt mir ein Buch in meinem Kopf den Hinweis auf die Wiedergeburt. Na, ist das nicht ein wenig zuviel? Nun öffnet sich Indien vor mir wie ein gastlicher Abgrund, etwas, in das man hineinstürzen kann, ohne sich wehzutun: ein Abgrund aus Fleisch, ein mütterlicher Abgrund, ein Schattenschlund, ein endloser Trichter, der sich in ein aktives Nichts öffnet, etwas, das ist, und zwar das Nichts. *Siddharthas* Sandelholzduft streift erneut meine Nasenlöcher wie ein gefälliges Gewürz, Zimt für den Tod, Nelken zum Würzen eines fatalen Schlucks. Indien wuchert in meinem Hirn, dem Hirn eines armen Abendländers; je näher ich ihm komme, um so mehr wächst es, wird zu einer ungeheuren Fleischmasse mit Schlünden und Sandelholzduft, mit nicht aufbrauchbaren Seelen, mit einem allgegenwärtigen Leben und dem allgegenwärtigen Tod, ein Ort der Verwandlungen, das Mutterhaus des Absoluten, eine Fabrik, die Asketen produziert, ein Fließband der Wiedergeburten, das große Symbol-Kaufhaus, ein grenzenlos weites Land, wo von einem metaphorischen Ast zum anderen allegorische Affen hüpfen, und wo dir im Bewußtsein ihrer dreißig Wiedergeburten freiwillige Bettler nachstellen, um deine Seele zu retten; ein Depot der Träume, der einzige Ort, wo noch Götter leben, aber als Delegierte eines Gottes, der in sich selbst versunken und gleichzeitig überall Fleisch geworden ist, ein Ort für Tempel und Aussätzige, wo Buddhas oder Shivas Lächeln, weich und unbegreiflich, verzückt und sterblich, niemals erloschen ist.

Ein langer Schluck Whisky, ein weltlicher Schluck, ein letzter, ich habe Lust auf Indien, nicht auf zweideutige, vielleicht mittelmäßige Literatur; ich bin nicht unterwegs zur Wiedergeburt oder um die Orte wiederzuerkennen, wo ich vor drei Jahrhunderten gelebt habe – einigen Theosophen ist das ja passiert –, sondern ich bin auf der Hut, und wie ich auf der Hut bin, und sollte ich die Straßenecke sehen, an der ich, von uraltem Aussatz zerfressen, einst lehnte, dann schaue ich auf die Uhr, gehe unbeirrbar weiter, und alle, auch das Absolute, sollen sich merken: über gewisse Dinge, die ich als zu privat erachte, rede ich nicht vor den Dienstboten und den Kindern. Und überhaupt dieses Absolute, schreie ich, ein letztes Mal aufbrausend, dem möchte ich sagen, das letzte, was ich vor meiner Abreise gelesen habe, war Stendhals *De l'amour*, das Buch eines Mailänders wie ich, was mir in diesem Moment seltener Feigheit einfällt. Wir Europäer sterben alle, mein liebes Absolutes. Daher kommt unser unverwechselbares Gelächter. Ich kauere mich auf meinem Sitz zusammen, das Flugzeug senkt sich langsam und mit Grazie: Meine Ohren sausen, ich balle meine Hände zu Fäusten, und in der noch stockdunklen Nacht gewahre ich die ersten Lichter von Bombay.

Die Tür des Flugzeugs – das fürsorgliche fliegende Haus hat eine Tür – geht langsam auf; draußen ist es noch Nacht, jetzt um fünf Uhr früh, die üblichen Scheinwerfer mimen eine Gangsterszene; aber die Luft, die hereinströmt und mich umfängt, während ich die Treppe hinuntersteige, verkündet mir, daß ich anderswo bin. Ich kenne diese Luft, ich beschnuppere sie und sie beschnuppert mich; es ist die Luft der Tropen, wässerig, weich, warm, riecht nach aufgeweichten Kräutern, nach Tieren, nach offenen Kloaken mit einem scharfen Beigeschmack nach Urin, nach wildem Tier im Käfig; diese Luft bewegt und erregt mich mit ihrer Fäulnis und ihrer Unschuld, mit ihrer Schwämme, Schimmel und Moos zeugenden Schwere; das ist die Luft Indiens: schmutzig und lebendig, eitrig und süßlich, faulig und kindlich.

Mit dieser Luft kann man spielen, in dieser Luft kann man sterben, auf jeden Fall durchdringt diese Luft alles, sie zählt dir deine Finger ab, sie faßt dich am Nacken, sie liebkost dich wie die Zunge eines Tiers, das eher neugierig als hungrig gerade aus dem Wald tritt. Es ist, als würde ich in einen Luftsumpf eintauchen, Europa versinkt hinter meinem Rücken, es versinkt der reinliche *Siddhartha*, ebenso das Vedanta in der Erklärung von Aldous Huxley, wird zu einem hygienischen Gespenst; ich bin in Indien, an der Schwelle zu einer kontinentalen Krankheit, zu einem Ort, wo der erste Luftschwall schon etwas brummt von Auflösung und Unsterblichkeit, von Aussatz und Idolen. In der kurzen Zeit, die am Zoll von Bombay für die Formalitäten nötig ist – stolz antworte ich, »nein, ich habe keinen Fotoapparat« –, rollt die Nacht ihre Leinwand zusammen, schnallt sich die Sterne ab und es beginnt ein Morgengrauen im Zeitraffer, das zu einer eiligen Morgenröte und schließlich zum hellen Tag wird. Plötzlich bin ich von mageren fadenförmigen Gepäckträgern umgeben, einer hält mich dazu an, einen Fahrschein für den

Omnibus zu lösen: Es ist ein hochgradig unwahrscheinlicher Omnibus, von der Luft zerfressen und menschenleer; man wartet noch auf Kunden, wird mir in einem fürchterlichen Englisch gesagt, und der Bus bleibt leer, denkt an den Tod, an die Griffe zum Festhalten, die ihm fehlen, an das Licht, das nicht angeht, an die Ventilatoren, deren kurze Schaufeln sich bewegen wie die Wimpern einer betagten Verführerin; inzwischen kreisen große Vögel, aller Wahrscheinlichkeit nach Geier mit Planstelle, riesig und ein wenig pompös über dem Flugplatz, sie stoßen Schreie aus, die nach verruchtem Appetit und grausamem Zwiegespräch klingen; sie beäugen mich mit Interesse, mit einer Art Wohlgefallen. Überall auf der Welt wäre ein solcher Aufenthalt in einem menschenleeren, verrotteten Bus unter der Obhut sich im Flug kreuzender Geier eine äußerst unheilvolle Lebenslage: aber hier in Bombay wird man dadurch in eine seltsame Erregung versetzt; an diesem Ort drängen sich so viele irdische Bilder zusammen, so ungewöhnliche Bilder, als wäre man auf einem Planeten mit unbekannten und unmöglichen Lichtern gelandet.

Niemand steigt in den Bus, der somit seine rostigen Meditationen fortsetzen kann; ein schweigsamer Jüngling gibt mir das Geld für den Fahrschein zurück und ich werde in ein Taxi umgefüllt. Auch das Taxi erfreut sich nicht der besten Gesundheit, es ist faltig, zahnlos und angeknabbert, als hätten die Geier schon von ihm gekostet; aber es verspricht mir immerhin, mich nach Bombay zu bringen, wenn auch mit einem solchen Mißtrauen der Existenz dieser Stadt gegenüber, daß man nicht einmal von Pessimismus reden kann, sondern von einer durch tropische Beschwerden getrübten Weisheit.

Wenn man vom Flugplatz her nach Bombay hineinfährt, hat man das Gefühl, einen großen Leib kennenzulernen, indem man durch den Sphinkter in ihn eindringt: denn es besteht kein Zweifel, der lange Weg, auf dem ich das Zentrum von Bombay – das eigentlich in der Peripherie liegt – erreichen werde, hat mit dem After und den Schamteilen der Stadt zu tun. Man fährt eine doppelte oder dreifache Reihe von Hütten entlang, die aus Blechplatten, Holzbrettern und Planen zusammengestückelt sind; aber es sind eigentlich keine Hütten: eher bewegliche Höhlen, wandernde Unterschlüpfe; auf eine Reihe solcher Stätten sind in bizarrer Heiterkeit freudige religiöse Zeichen gemalt. Das Taxi fährt unbeachtet an diesen menschlichen Orten entlang wie an einer Mauer aus Jahrhunderte alter Geduld: eine Geduld, die voller Wunden, aber nicht verzagt ist. Was hier hüttenähnlich, verseucht, schmutzig und schwankend zwischen Rinnsalen und Abfällen steht, erweckt seltsamerweise ein befreiendes Gefühl: es wird überhaupt nicht versucht zu verschleiern, zu verbergen, abzulenken; gelassen erlebt man hier den fundamentalen Schmutz des Daseins, dessen finstere Seite als Exkrement; ich komme aus einem Kontinent strahlend weißer Klos und wurde mitten in eine Welt geschleudert, die ohne Scheu mit ihren Exkrementen prunkt. Diese Welt – so entdecke ich jetzt einfürallemal – ist nicht nebenbei schmutzig, sondern sie ist es ihrem Wesen nach, beständig und gelassen; aber dieser Schmutz ist etwas anderes als unserer, der Schatten einer Zivilisation, die ihre Ausscheidungen in Käfigen aus makellosem Porzellan abfängt, das hier ist der Ur-Schmutz, der ursprüngliche Schmutz, den wir verleugnet haben wie unseren ganzen Körper samt Härchen, Nägeln, Schweiß, Genitalien und Sphinkter. Hochgelobt sei der Sphinkter: ich fahre mitten durch eine anonyme sterbliche und tödliche Welt, die aber noch nicht einmal begonnen hat, das glückselig dreckige Ganze ihres Körpers zu fürchten. Was ich hier empfinde, ist eigenartig, es überwiegt ein verwundertes und unbotmäßiges Glücksgefühl: Auch wenn ich weiß, daß ich dieser Welt nicht würdig bin, die so herrlich von ihrer Diesseitigkeit durchdrungen ist. Einige magere Kühe, denen die Taxis behutsam ausweichen, streichen verloren auf der Straße herum, sie kommen mir vor wie die plumpen, aber heiligen Bildstöcke, denen man bei uns auf dem Land oder an den Gassenecken von Rom oder Neapel begegnet. Von den ausgemergelten, aber gelassenen, leicht surrealen Kühen geht auf das menschliche Dickicht eine fromme Langsamkeit, eine geheimnisvolle Zartheit über.

Je weiter wir vorankommen, um so deutlicher spüre ich, es geht durch Gegenden, die für unsereinen geheim zu bleiben haben; elende Behausungen, unterwürfig wie Schuhputzer, ducken sich zu Füßen der ersten Häuser zusammen; die Häuser aber, von der sumpfigen Luft zerfressen, sind nicht so zuversichtlich, sie sind baufällig, was man von den verrotteten Wohnstätten, die sich an sie lehnen, nicht sagen kann, denn die stehen jenseits der Wechselfälle von Fortschritt und Untergang.

In der Ferne sehe ich die ersten Paläste von Bombay: echte Paläste, nicht wert, geliebt zu werden. Ich weiß nicht warum, aber vor meiner Abreise hatte ich mir immer vorgestellt, Bombay sei etwas glorreich Indisches, aber jetzt kann ich an dieser Stadt, die sich auf so hinreißend bodenständige Weise geöffnet hat, etwas erkennen, das eigentlich den Namen Stadt erst verdient: Wenn man die Kaiserstädte der Moguln und Delhi nicht zählt, so gebührt Bombay die Ehre der ersten indischen Stadt meines Aufenthalts: der Gründung und dem städtischen Charakter nach. Je näher ich der Stadt komme, um so mehr entdecke ich, daß Bombay alles hat, was zu einer Metropole gehört; es hat Wolkenkratzer, Wohnhäuser, breite noble Alleen, zahlreiche Bahnhöfe von ausgeklügelter britischer Häßlichkeit, nur mit Mühe wettgemacht durch die stets wiederkehrenden Menschenmassen, die dort ein und aus gehen und die vor allem dort weilen.

Bombay wurde – so erklären die drei Führer, die ich mit auf die Reise genommen habe – vom 17. Jahrhundert an zuerst von den Portugiesen, dann von den Engländern auf einem ausgedehnten Netz von Inseln und Sümpfen erbaut; sein Name könnte daher portugiesischer Herkunft sein oder von einer ortsansässigen Göttin stammen; Fischer und angekränkelte Kolonisten brachten es im Lauf von Jahrzehnten zu einer Stadt, in der ordentlich an bescheidenen Epidemien gestorben wurde; Sümpfe, sonst nichts. Inseln, alle fest verankert, abgesehen von einigen der abgelegensten; und dabei kam schließlich eine Stadt heraus, die manche als die einzige Stadt Indiens bezeichnen, und die daher düster und neurotisch in ihrem gemischten Zustand dahinlebt.

Jahrhunderte lang legten hier Schiffe an, die auf Tropenkrankheiten erpichte Engländer ausluden; und schließlich wurde die beleibte, behäbige Stadt das TOR INDIENS. In realistischem Biedersinn baute sich Bombay ein echtes TOR INDIENS – ich sehe es jeden Tag von meinem Hotel aus: eine Prise Mogul, eine Prise Triumphbogen, ein Schuß viktorianische Epoche, ein Gegenstand von geradezu kühner Häßlichkeit zu Ehren Georgs V., der 1911 seine königlichen Füße auf den immer weniger untertänigen indischen Boden setzte. Heute ist das TOR INDIENS in Fröhlichkeit heruntergekommen zu einem geselligen Treffpunkt – die Luft ist hier kühler, das TOR geht direkt aufs Meer –, wo Bettler sind, mysteriöse tropische Früchte, Eis und Statuetten einer der zahllosen Gottheiten feilgeboten werden. Eine majestätische Stadt, der Stolz einer Kultur, die zum kolonialen Gebrauch im späten 19. Jahrhundert eine Architektur von seltener Häßlichkeit und nicht geringerer Überheblichkeit hervorgebracht hatte, ist Bombay und, wie mir scheint, besteht es nur aus Mauern und Ziegeln; es ist eine konstruierte, körperlich harte, abweisende, geschäftige Stadt, die schon ihre Pendler erfunden hat. Ich habe gesagt, daß ihr Zentrum in der Peripherie liegt; das stimmt genau, denn Bombay hat sich vom Meer aus entwickelt – und die Ausgangsstelle ist immer das »Zentrum« gewesen – und nach und nach hat es sich verlängert und in einem peripheren Crescendo angehäuft; heute beginnt zwei oder drei Kilometer vom »Zentrum« entfernt eine unermeßliche Stadt, die wohlwollend zu Katastrophen und Selbstmorden rät, geplant oder wärmstens empfohlen von einem Bürgermeister der Stadt Rom, ausgeliehen auf dem diplomatischen Weg, Teil eines Gesamtplans zur Vernichtung des indischen Kontinents. Nach dem, was in den Zeitungen steht, eine ziemlich zwielichtige Stadt, in der es mächtige Schmuggler und »makta kings«, Könige einer Art Geheimlotterie, gibt; beliebte fromme Leute, so läßt die inspirierte Presse einfließen, die freigebig religiöse Festivitäten finanzieren: in diesem Hinweis wittere ich eine gewisse Spannung zwischen der »laizistischen« Welt der zentralen Regierung und der flukturierenden, nicht faßbaren Welt der Religion, des Zeremoniells oder was es sonst sein mag.

Wer sich vom TOR INDIENS aus stadteinwärts bewegt, begegnet merkwürdigen Objekten; einige davon verdienen eine kurze Bemerkung. Zum Beispiel vergeht kaum ein Tag, ohne daß man wieder um den Flora-Brunnen herumgehen muß; man kann sich fragen, welch milder Schwachsinn wohl die Engländer bewogen hat, hier Bauten aufzuführen, die an Griechisches erinnern oder an eine verschwommene »römische Antike«; aber Tatsache ist, daß dieses importierte Monstrum äußerst populär geworden ist, so wie vielleicht zu ihrer Zeit die Cestiuspyramide, denn Bombay ist eine allesfressende Stadt. Es gibt hier ein Bankenviertel und es ist, glaube ich, auch mit den Gerichten verschwägert, das aus London, und nicht aus dem besten, direkt hierher versetzt scheint – den kolossalen Horniman Circle: kreisförmig angeordnete Paläste als die uneinnehmbaren Orte der Finanz und der Justiz.

Und trotzdem möchte ich nicht sagen, daß Bombay, diese Stadt aus Zähnen und aus Asphalt, nichts Indisches in sich hat: sie beherbergt es aber wie etwas Ungeliebtes, und das Indische wohnt dort wie jemand, der sich nicht geliebt weiß und sich einfach daran gewöhnt hat. Da sind die Bahnhöfe in ihrer turbulenten Glorie – vor allem Churchgate, das alle mit Charing Cross vergleichen –, zu verstehen als Orte von symbolischer Dichte, vielleicht für das indische Gemüt die physische Übersetzung des andauernden Schwebezustands der Welt zwischen Geburt und Tod, sicherlich verwendet als Orte, wo man schlafen, kochen und essen kann, die mit Kindern zu bevölkern und mit irdischen Gerüchen zu füllen sind – wogegen die nun schon bejahrten Züge keinen Einspruch erheben –, etwas zwischen einem Markt und einem Biwak; und da sind die Märkte – wie der Crawford Market, der Stolz Indiens –, wo ihr euch matt riechen könnt an allen Spezereien und Gewürzen, in denen euch die warme indische Luft siedet; es sind keine armen Märkte, sie beweisen, daß zumindest in Bombay ein Indien existiert, das nicht elend ist; Märkte mit Gemüsen und Koffern – wie viele Koffer werden wohl in Indien verkauft? –, mit Stoffen und Zigarren, mit Tees und Tüchern in einem ruhigen, sogar geordneten Durcheinander, als wären alle Dinge, die das Dasein erträglich machen, hier zusammengekommen und begingen eine festliche Zeremonie mit tausend Farben und Gerüchen. Und diese Stadt, die mir als erste die Riten des indischen Bettlertums offenbart, ist zutiefst kapitalistisch; hier entstanden die Tata, die heute zu den größten Industriegruppen nicht Indiens, so sagt man mir mit Stolz, sondern der Welt gehören; hier gedeihen die Parsen, wohlhabende und großzügige Leute, im Schutz des leicht unheilschwangeren Zaubers ihrer TÜRME DES SCHWEIGENS, die unsichtbar in einem Stadtpark stehen und den dichten Geierverkehr erklären. Die Stadt ist, das möchte ich hinzufügen, bizarrerweise laizistisch, nachdem mich ein Taxi begeistert zum elektrischen Krematorium, dem Denkmal des erleuchteten Fortschritts, gebracht hat. Es gibt jedoch auch nicht verwerfliche Denkmäler des britischen Durchzugs: Damit meine ich nicht den Malabar Hill der Großen Reichen, geadelt durch Fortser-Reminiszenzen, sondern eher die zierliche anglikanische Kathedrale in dem zerbrechlichen klassizistischen Kolonialstil, der in einer so seltsamen, ich möchte beinahe sagen kränklichen Zartheit blühte, als würde er den Tücken des fremden Klimas nicht standhalten. In der Kathedrale wimmelt es von Grabsteinen, sehr häufig für junge Tote, für Menschen, die das grüne kühle Sussex verließen – an das ein Grabstein erinnert –, ihrer Heimat nebst Tanten und Truthähnen den Rücken kehrten und hierher kamen, um Unrecht zu haben, um Dinge zu tun, die man nicht hätte tun sollen, und um an Malaria, Typhus oder sonst was zu sterben. Nun ist die Düsternis dieser Todesfälle in der grausamen und ungerechten Gleichgültigkeit der Geschichte untergegangen, in der Grausamkeit, die diese Toten selbst mit aufgebaut haben, geduldig wie Uhrmacher und fromm mit dem Trost der Heiligen Schrift. Auch die blutjung verstorbene, »beweinte« Ehefrau hat mitgeholfen beim Bau dieser schrecklichen Stadt.

Bombay, die Stadt Indiens, wo das Moderne am drastischsten zu sehen ist, beileibe nicht die ärmste, birgt einige Beispiele privilegierten Entsetzens in sich, die auf ebenso heftige wie klärende Weise in die Wertstruktur der indischen Welt einführen.

Von den drei Führern, die ich benütze – den Nagel, den Rushbrook, bekannter unter dem Namen seines Verlegers Murray, und schließlich den Fodor –, hat nur einer, nämlich der erste, den Mut, Foras und Falkland Road zu nennen. Das sind die zwei Straßen der Prostitution in Bombay: aber wenn man in Indien Straßen sagt, heißt es immer Kilometer. Sie liegen hinter Chowpatty, der westlichen Uferstraße Bombays: sie bilden mit den angrenzenden Straßen so etwas wie eine Bordellstadt, klar entworfen, ausgedacht und gebaut nach einem homogenen geistigen Modell. Die Häuser sind niedrig, im allgemeinen einstöckig; im Erdgeschoß stehen oder hocken die Frauen auf den Stufen, andere sind im ersten Stock hinter dem Gitter, das diesen Häusern den Namen »Käfige« eingebracht hat. Praktisch handelt es sich um eine riesige, nirgends abreißende Reihe von Freudenhäusern mit beleuchteten Nummern, die anzeigen, daß das Haus in Betrieb ist. Es gibt Bordelle mit nepalesischen, chinesischen, tibetanischen Frauen; die Straße wimmelt von Zuhältern, die den Passanten verfolgen – es empfiehlt sich, im Taxi durch diese Straßen zu fahren –, während die Frauen in geballter und undurchdringlicher Reglosigkeit warten. An den Häusern sieht man die Spuren jener kränklichen Baufälligkeit, die alle Häuser fern vom Zentrum Bombays befällt und verfallen läßt; sie sind nicht alt, sondern lebendig und zugleich verwest. Ich könnte nicht sagen, das Schauspiel sei entwürdigend oder hinterhältig; die Stadt der Prostituierten ist eine folgerichtige Welt voll Gewimmel, in der die halb entkleidete Frau wiederkehrt wie ein Leitmotiv, ein Zeichen, ein Symbol. Später werde ich erfahren, daß die Prostituierte in Indien nicht unterprivilegiert ist, nicht unter schmachvollen Umständen lebt, nicht »außerhalb der Kasten« steht. Der Reisende, an dem noch einige Fetzen Christentum hängen, spürt nicht nur, daß man in der Umgebung der zwei Straßen komplizenhaft zusammenhält, sondern auch daß es monströs, aber legal zugeht; er bemerkt eine Kinderprozession, die mit Zimbeln und kleinen Statuen irgendeine Gottheit feiert, und er bemerkt keinerlei Widersprüchlichkeit; an diesem Ort gibt es keine »Sünde«, und man fragt sich, wie sich diese Art von Kodex entwickelt hat, der den Prostituierten etwas Komplexeres zugesteht als nur eine Würde, nämlich das Recht, existent und konsistent zu sein, das zusammenhaust mit dem warmen Geruch der Riten und der Krankheiten und das den Ort der Prostituierten zugleich ziert und entstellt. Das Gewoge dieser Herrinnen des Fleisches läßt an eine Kultur denken, die die charismatische Liebe vermieden hat, in der die Liebe gesellschaftlich, unpoetisch und unpersönlich erlebt wird. Mehr noch als die Abwesenheit der Sünde beeindruckt die Vorstellung einer anonymen Körperlichkeit ohne liebevolle Zuneigung, ohne Hintergedanken, ohne Herausforderung des Schicksals: als wären aus einem gegenwärtigen Weiblichen unzählige Frauen ausgeschnitten und nebeneinander aufgestellt worden. Eine gelassene langsame Abwesenheit von Mitleid besteht zwischen den Frauen, den Zuhältern, den Kunden und den Kindern der Prozession, die eifrig irgendeinem dunklen mächtigen Gott lobsingen. Wie die Hütten am Stadtrand in der Gegend des Flughafens die uralte Angst vor dem Schmutzigen, vor dem Exkrement entließen, so sehen wir hier die indische Fähigkeit, Krankheiten, Verfall, Schimmel, Wollust und Wunden, alles was für uns die Abscheu vor dem anonym und kollektiv gewordenen Körper ist, ungetrennt zu erleben. Umgeben, beschützt und verherrlicht von den Gebärden und dem Geschrei der Zuhälter und der Kunden herrschen die schweigsamen und gelassenen Frauen mit uralter Frechheit in diesem Gewirr vollkommen und unrettbar »götzendienerischer« Straßen. Man verläßt es mit abendländischen Entsetzen und dem Verdacht, etwas Gewöhnliches und Geheimes gesehen zu haben: vielleicht ein Wundmal, vielleicht ein heiliges Tierzeichen, das einer gerissenen, geheimen Gottheit mit dem stolzen Kopf eines wilden Tieres gleicht, vielleicht der Rede unkundig, vielleicht weise.

Vor meinem Hotel, zwischen der »hall« – einem heiligen und nicht unbedingt ausländischen Ort – und dem TOR INDIENS, das 1911 Georg V. an Land gehen sah, drängen sich menschliche Wesen verschiedenster Herkunft. Kleine Krämer, Moslems, die nachsehen, ob der Mond, hinter den Wolken erscheinend, schon den Ramadan einleitet, Zuhälter und Bettler. Es gibt keine Prostituierten. Sie sind wohl in ihrer gewaltigen Stadt verschanzt oder vielleicht schicken sie Botschafter aus, die sentimentale und geile Ausländer suchen sollen. Der Zuhälter nähert sich einem mit stufenweiser Illegalität: er will einen in ein nicht näher bestimmtes Lokal bringen, er offeriert einen Geldumtausch und schließlich macht er wie der eine, der mich als Italiener erkannt hatte, sein Angebot »bella puttane«: das letzte Wort scheint unsere nationale Diaspora um die Welt zu begleiten, als Abzeichen unserer Geilheit. Die »bella puttane«, so versichert der Zuhälter, sind Studentinnen, sind in vielen Sprachen bewandert, wollen Sie mir Ihre Zimmernummer sagen? Ich schicke sie Ihnen ins Hotel. Der Zuhälter ist ein Bote, ein Vermittler, ein Verkäufer: den wird man so leicht nicht wieder los. Es reicht nicht, wenn man »nein« sagt, es reicht nicht, wenn man sagt »nicht heute abend«. Man muß indischere Strategien zu Hilfe nehmen. Aber diese Strategien entdeckte ich, als ich die Bettler beobachtete, dabei stieß ich auf etwas, das so schroff, rauh, unannehmbar und zugleich erhellend war, daß ich wirklich von einer Entdeckung sprechen kann; etwas, das mir Indien augenblicklich auf eine unvermutete Weise enthüllte.

Auf dem Platz vor dem Hotel drängen sich die Bettler; vor allem wimmelt es von Kindern, die einem mit ihrem Piepen folgen wie ein Mückenschwarm, hartnäckig, beharrlich, gelassen, als hätten sie genug Zeit zum Leben und zum Sterben, auch an einem einzigen Abend. Etwas ist merkwürdig an ihrer Art, um Almosen zu bitten, scheint unrecht, beinahe ein Trick – um Gottes Willen, das Elend und die Krankheiten, die sind »echt«, aber sie sind auch noch etwas anderes. Ich versuche zu verstehen, welche Gefühle der Bettler in mir erwecken möchte. Der Abendländer ist sentimental, das Schauspiel des Elends rührt ihn; ja, das ist wahr, aber es ist nicht alles, sorgfältig beobachte ich meine Bettler und sehe, daß die Inder sie ignorieren, und praktisch auch die Bettler ihre weniger unglückseligen Landsleute ignorieren. Der Ausländer ist sentimental, nicht wahr? Aber das ist noch nicht alles. Eines Abends folgte mir ein kleiner Junge geduldig schon zwanzig Minuten, da flüsterte er mir auf einmal zu, wenn ich ihm »etwas gäbe«, würde er mich in Ruhe lassen. Es war in den ersten Stunden meines Indienaufenthalts, ich war noch naiv und der Meinung, man brauche dem Bettler nur auszuweichen, um ihm klarzumachen, er solle aufgeben. Am ersten Abend hatte ich zwei- oder dreimal meine Route gewechselt, um einem Bettler aus dem Weg zu gehen, der sich auf mein Almosen spezialisieren wollte. Welch ein Irrtum: der meine natürlich. Indem ich die Richtung wechselte, um ihm aus dem Weg zu gehen, hatte ich ihm klargemacht, daß ich mich belästigt fühlte und daß es sich darum lohnte weiterzumachen; denn der Abendländer ist mitleidig, reagiert nicht nur empfindlich auf die Male der Krankheit, lüstern genug, um die Barriere des Ekels zu kennen, und er neigt auch zu Schuldgefühlen. Das wußte der indische Bettler und ebenso, daß der Inder nicht empfindlich ist, keinen Überdruß, keinen Ekel und kein Schuldgefühl kennt. Und genau an der Stelle merkte ich, wie absolut natürlich, selbstverständlich und fraglos sich der Bettler in das Gewebe der Gesellschaft eingliederte, das ich nun durchscheinen sah. Da begriff ich augenblicklich: In dieser Gesellschaft und in dieser Kultur ist kein Platz für das individuelle Mitleid, und es fehlt die schmerzliche, verzweifelte Nächstenliebe, die das Abendland an das von Natur aus Todgeweihte bindet: und auch der Bettler, der arme Teufel, hat kein Mitleid mit sich selbst. Die Male der Krankheit und des Elends sind kein »Mißgeschick«: sie kommen aus der Ferne und gehen in die Ferne; sie wandern von einem Leben ins andere, Bestätigungen für die Eingriffe der Götter. Was es geben kann, ist ein kosmisches Mitleid, das Bewußtsein einer universalen, zeitlosen und anonymen Mühe, der wir uns alle unterziehen und der wir geweiht sind. Und dieses Fehlen von individuellem Mitleid machte die indische Welt zu einem auf tragische Weise unwegsamen Ort, der durchdrungen war von einer dramatischen, nicht mitteilbaren Sanftheit, von einer Gleichgültigkeit ohne Empörung, ohne Gewissensbisse, ohne Nachsicht.

Durch diese Entdeckung betrachtete ich den Bettler und seine Taktik in einem anderen Licht: ich nahm mir vor, kein Almosen zu geben, nicht nur, um meiner Veranlagung zum Geiz zu schmeicheln, sondern um zu sehen, ob es mir gelingen würde, das Elend, die Krankheit, das Unglück als ein Geschehen zu akzeptieren, das, da es hier an anderer Stelle steht, einen anderen Sinn hat als in unserer Welt. In Indien nämlich wird grauenhaft gelitten, aber das Leiden ist ein anderes Zeichen, hat einen anderen Sinn. Es war mir klar, daß der Bettler mit meinem Schuldgefühl rechnete: aber das Schuldgefühl ist für mich ein gefundenes Fressen.

So geht's nicht, mein Lieber. Du kannst mich vielleicht durch den Überdruß herumkriegen, aber ich bin ziemlich schlau, du wirst schon sehen. Anzufangen ist bei der Voraussetzung, daß der Bettler »nicht existiert«; das ist weder leicht noch natürlich: es ist eine asketische Übung. Sobald er seinen Singsang anstimmt, ist er als nicht existent zu erklären; seinetwegen beschleunigt man weder den Schritt noch schaut man ihn an, wenn man zufällig in seine Richtung blickt, schaut man über ihn hinweg oder durch ihn hindurch; man versucht nicht, ruckartig über die Straße zu gehen, außer es kommt gerade ein Auto; man bleibt stehen und man läßt den Bettler sein Jammerlied bis zum Erbrechen wiederholen. Man antwortet nicht auf seine hinterlistige Frage: »Aus welchem Land kommst du?«, denn, da er nicht existiert, darf er keine Fragen stellen; sein Jammerlied ergießt sich wie Balsam über uns. Der Bettler ist wiederum auf dieselbe anonyme Weise zu akzeptieren wie der Schmutz der Hütten; er ist weder sentimental, noch besteht er darauf, als Armer Rechte zu haben, er hat nur verstanden, daß seine Lebenslage den Abendländer aus ihm unerfindlichen Gründen beunruhigt und daß dieser, um seine eigene Unruhe zu beschwichtigen, ihm Geld gibt. Das abendländische Verhalten ist ihm wahrscheinlich unverständlich und leicht verdächtig, aber ein Abendländer kann, wenn geschickt und distanziert verwendet, von einigem Nutzen sein. Der Abendländer ist nicht ans Sterben gewöhnt und versucht auf plumpe Art seine Götter günstig zu stimmen. Er strebt danach, »gut« zu sein, was eine bruchstückhafte Kenntnis vom Weg der Seelen beweist. Der Abendländer hat Geld, ist geil und schwach: also aus dem richtigen Stoff für Zuhälter und Bettler. Aber wenn man ihm, dem Bettler, nicht mit Gesten, sondern mit dem ganzen Körper, mit dessen Unerschütterlichkeit zu verstehen gibt, daß er »nicht existiert« – was er in gewissem Sinn ja schon weiß –, dann läßt er sich überzeugen; sein Singsang ermattet, erstirbt, er beäugt ein anderes Bleichgesicht und läßt mit einem Ruck von dem Gleichgültigen ab und stimmt an anderer Stelle sein Jammerlied an.

Jeden Abend entspinnt sich ein schweigsamer, orientalischer Kampf zwischen zwei verschiedenen Spielregeln, etwas Verhängnisvolles ist dabei, eine mörderische Klarheit und auch die Leichtfertigkeit eines auf jeden Fall kurzlebigen Spiels, das schon gezeichnet ist von einem gleichfalls kurzlebigen Tod zwischen den Getränkeständen, den um ein Essen, das Leibgericht der Kinder, kauernden Familien, den melancholischen Zuhältern und den ermatteten, abgezehrten Rollstühlen, die neben dem Bürgersteig stehen und mit unterwürfiger Stimme auf die harmlosen Vergnügungen einer Leprastation aufmerksam machen.

Vor mir steht das Bild eines Buddha, in Stein gehauen, dieselbe gelassene, anonyme, aber durchdringbare Festigkeit wie immer; zu seinen Füßen Bruchstücke anderer Statuen, darunter der Kopf eines Halbwüchsigen, weich, leidenschaftlich und unrein; es könnte ein griechischer Kopf sein; sicherlich hat er etwas zu tun mit dem Gandhara, dem Landstrich, wo sich Indien und die Griechen des Königs Menander begegneten und wo dieser bei der Berührung mit dem damals buddhistischen Land zum König Milinda wurde. Ich bin in den heiligen Höhlen von Ajanta, hundert Kilometer entfernt von Aurangabad; es sind etwa dreißig Klöster und Tempel; alle buddhistisch, einige Hinayana – das ist der Buddhismus, der später in Ceylon und Birma heimisch werden sollte, ursprünglich rein symbolisch, kennt keine konkreten Figuren – und Mahayana – das ist der Buddhismus des Nordens, eine Bilderflut, die irdischen Geschichten Buddhas, Erzählungen aus den früheren Leben des ERLEUCHTETEN. Ajanta ist voller Geheimnisse; im zweiten Jahrhundert vor Christus begann man es in den Fels zu meißeln, wohl gegen das achte Jahrhundert, als der Buddhismus in Indien unterging, wurde es verlassen und dem undurchdringlichen Schutz des Dschungels anheimgestellt. Tausend Jahre lang wußte man nichts von Ajanta: Ein Engländer, so erzählt man, hat es entdeckt, als er einem wilden magischen Tiger nachjagte. Wohl tausend Jahre arbeiteten dort Mönche, Maler und Bildhauer; aber kein Text erwähnt etwas davon. Die Buddhisten von Ajanta liebten die Pracht und wollten geheim bleiben. Mit Gelassenheit und betäubender Raffinesse entfalten sich die Malereien; unbekannte Maler, die etwas von Perspektive verstanden und Bildergruppen zu komponieren wußten, erzählen in diesen Felsentempeln Geschichten vom MEISTER, von seiner Erleuchtung und von seinen früheren Leben. Die zarte ockerfarbene Figur dort ist Buddha; ein weicher, fettleibiger, schmachtender

Buddha; und um ihn herum alle bizarren Zeichen des Daseins, Affen, Pfauen, zuhörende Frauen, spielende Frauen, weibliche Zaubergeschöpfe, die sich zurechtmachen mit dem verwunschenen Schmuck zugleich irdischer und himmlischer Juwelen. Man staunt über diese subtile Doppelbödigkeit, diese meditierende Abstraktion, komplizenhaft dem Leben verbunden, in das sie eintaucht. Man wird bezaubert von diesem zufälligen, heiteren, zerstreuten Leben, das unbewußt und reich durch seine Armut an Metaphysischem um den ERLEUCHTETEN wogt. Dieses Bild eines Buddhismus, der die Freude gelten läßt und kennt, diese zerbrechliche und leichtfertige Fleischlichkeit, Zierde und Geleit für die große Gestalt des Buddha, überraschen und berücken. In den Malereien von Ajanta erscheint etwas, das vielleicht einen kurzen verlorenen Augenblick lang ein mögliches Bild der Welt war, dramatischerweise leicht begehbar und zugleich tragischerweise unzugänglich. Hinreißende weibliche Gestalten bewegen sich in den Hohlräumen zwischen Natürlichem und Heiligem, wiegen ihre weise frisierte Haarpracht am Ende einer der Meditation geweihten Höhle. Selten wurde die Zwiespältigkeit der irdischen Lage, ihre weise Falschheit mit solcher Schwerelosigkeit und einer so glücklichen, niemals ins Gottlose abgleitenden Hand dargestellt. Die dreißig Tempel und Klöster, die dem Flußufer folgen und um die herum noch heute der Dschungel fortdauert, enthalten eine ganze Reihe möglicher Erfahrungen; es gibt Orte ohne den Trost der wunderbaren Malerei, wo felsig und schweigsam riesige Bilder des Buddha stehen; oder wo Säulen hochragen und sich Kapitelle mit unruhigen und kostbaren Figuren anschmiegen; schließlich die Heiligtümer, in denen der Buddha abwesend ist und die symbolische Wucht eines Grabhügels – des stupa – erscheint und auf eine Anwesenheit deutet, die nicht mit dem Menschlichen kompromittiert werden darf. Vorgetäuschte Gebäude, nicht erbaut, sondern in den Fels gehöhlt, versuchen diese Orte in keinem Fall mit der Majestät, mit der hieratischen Härte ihrer Linienführung einzuschüchtern; in Ajanta begegnen, berühren und ergänzen einander eine liebevolle und zugleich durchdachte Idee des Daseins und alle Bilder der reglosen Anwesenheiten und schließlich der Anwesenheiten, die sich durch Abwesenheit ausdrücken; von der Frau, die sich, von hinten gesehen, ihr Haar zurechtmacht, geht es durch eine ununterbrochene geistige Furt weiter über solitäre und königliche Bilder bis zu den Formen, die auf den Übergang des Geschöpfs ins Nichts anspielen.

ES IST SCHON VIELE hundert Jahre her, daß ein Dichter aus dieser Gegend schrieb: »Der Tempel von Kailasha wurde auf einem Tamarindenblatt entworfen.« Die Blätter des Tamarindenbaums sind winzig, kleiner als der Samen: also ist der Tempel von Kailasha ein Meisterwerk an Virtuosität und organischem Wachstum zugleich, eine vollkommene Begegnung zwischen Naturform und Kunstform. Er wurde in allen seinen Teilen aus dem Felsen gehauen, nicht erbaut. Stufen, Fialen, Reliefs, winzige Kapellen im Inneren des großen Tempels, Götter und Dämonen, der zahllose Tänzer Shiva und seine liebe, zweideutige Gemahlin Parvati entsteigen dem Herz des Felsens, wo sie nach dem platonischen Mythos verborgen waren. Kann ein Meisterwerk, ein Wunder an technischer Feinheit zugleich faszinierend und unheimlich sein? Jetzt beim Schreiben empfinde ich aufs neue dieselbe Bewunderung und dasselbe Unbehagen wie damals, als ich über die Stufen des berühmtesten Tempels von Ellora stieg.

Die dreißig in den Felsen gehauenen Tempel von Ellora stehen in einem viel größeren Raum als die von Ajanta. Sie sind dreißig Kilometer von Aurangabad entfernt; im Unterschied zu denen von Ajanta sind nur einige buddhistisch: und an einige von diesen legten später hinduistische Steinmetze Hand an; denn hinduistisch sind diese Tempel zum großen Teil, außer den fünf letzten in der Reihe, die jainistisch sind. Wie in Ajanta so spürt man auch in Ellora unerbittlich jene milde Schrecklichkeit, die den Indienreisenden so aus der Fassung bringt. Es hat keinen Sinn, wenn man sagt, der Tempel von Kailasha sei »schön«: Fast nie hat in Indien etwas Ästhetisches eine so eindeutig schmeichelhafte Wirkung. Der Tempel von Kailasha, dessen Mauern die kaum geglätteten Flanken eines Berges sind, der ganz aus dessen Stein entstanden ist, der zugleich affektiert, majestätisch, überfüllt und wortkarg ist, den selbstverständlich ein archaisches System von Symbolen trägt, hat auf seinem Grund etwas Angstvolles, etwas, das an eine schon immer währende Geburt gemahnt. Vielleicht wurde er auf und nach einem Tamarindenblatt entworfen, aber ist so etwas erlaubt, möglich, ist es menschlich? Man spürt etwas Mächtiges, Unbarmherziges, etwas, das tödlich freund ist. Einen derartigen Tempel kann man praktisch nicht »anschauen«, er will bewohnt sein, von jeder Stelle aus sieht man etwas und versäumt man etwas, man ist eingetaucht in die leise Explosion einer Sprache, wo auch immer man sich hinstellt, hört man Bruchstücke einer okkulten und dichten Rede, einer Rede, in der sich Tanz, Ironie, Spiel und Juwelen mischen, alles zelebriert von polymorphen Wesen, von Dämonen des Himmels und Engeln des Abgrunds. Wie oft müßte man wohl diesen Tempel abschreiten, um zur Mitte dieser Sprache vorzudringen? Und ist sie überhaupt etwas, das man noch ertragen kann? Der Tempel von Kailasha hinterläßt im Körper so etwas wie eine fruchtbare Übelkeit: trotz allem ist er doch kein virtuoses Werk, sondern eher ein Unternehmen mineralischer Alchimie, ein Gewirr steinerner Eingeweide; heilig ist dies Unternehmen und ruchlos, als wäre der Tempel gleichzeitig ein

Gebet und eine listige Falle zum Einfangen der Götter. Ich habe von körperlichem Unwohlsein gesprochen: Man spürt etwas, von dem wir seit eh und je wissen und das die Hysteriker und Psychosomatiker zur Genüge kennen, daß nämlich unser Körper ein Organismus aus Symbolen ist und daß es Umstände geben kann, unter denen Symbole eine dramatische Umwandlung erfahren. Beim Gehen durch die fein ziselierten und zugleich riesigen Windungen des Tempels von Kailasha ist es mir, als würden meine Ohren versuchen, Klänge aufzufangen, für die sie nicht geschaffen sind, als würde meine Zunge Töne ausprobieren, die monströs über die Lippen kommen, ein Gebet, das sich zu einem Mißklang verzerrt; und wer hat eigentlich meinem Pankreas zum Träumen, meinem Magen zu einer vorwiegend pränatalen Erinnerung und meinem Gedärm zu einer ideogrammartigen Arabeske geraten?

Der Tempel von Kailasha gehört zu den Meisterwerken einer Bauweise oder Machart, die sich nicht von der Natur loslösen will, welche aber ihrerseits ein Gebilde aus Symbolen, sinnreichen Formen geblieben ist. Das Tamarindenblatt ist nicht nur winzig klein, es ist ein ausgeklügeltes Zeichen, eine absolute Form, ein aus einer Pflanze geborener Ort, der einen Teil des Universums mit seiner anonymen Vollkommenheit besetzt. Dieser Tempel und ohne Ausnahme alle anderen Tempel von Ellora sind auf unnatürliche Weise natürlich, sie ahmen eine mit zahllosen Formen schwangere Natur nach, sind eine dieser Formen. Wenn in Ajanta oft eine tragische Süße zu spüren ist, als wären dort Zeichen, die zugleich aus dem Schoß der Welt geboren und von einem dramatischen sinnlichen Verstand entdeckt wurden, so stehe ich in Kailasha etwas gegenüber, das aus der Tiefe aufgetaucht ist, die Zeichen des Abgrunds an sich hat, einem Riesenwal vergleichbar, der mitsamt seinen Algen gestrandet ist, getötet und voll Leben zugleich.

Die heiligen Höhlen von Ellora wurden erst später in den Fels gehauen als die von Ajanta: an ihnen sehen wir den Verfall der buddhistischen Welt und das übermächtige Wiederaufleben des ewigen Hinduismus, der unausschöpfbaren Mythologie Vishnus und insbesondere Shivas. Wahrscheinlich dauerte die Arbeit an den Höhlen fünf Jahrhunderte, begann im sechsten Jahrhundert, und im Unterschied zu den Höhlen von Ajanta wurden sie nie dem Dschungel überlassen. Während der Urwald ein Jahrtausend lang die rauhen, abstrakten, symbolischen, gesichtslosen Tempel des Hinayana-Buddhismus und die magischen Tempel des Mahayana-Buddhismus verbarg, geschah in Ellora das Wunder einer Metamorphose, der Urwald und der Fels – der Tamarindenbaum und der heilige Berg – wirkten zusammen und wurden zu einer Reihe hemmungsloser, wilder, tanzender Tempel, zu einem Tosen herzzerreißender und hieratischer Formen, eine uralte Welt wiedergefunden im Lachen eines Traums: etwas Schreckliches und Ungeheures. Wie ich lese, errieten die Thugs, die heiligen Mörder der Göttin Kali, aus den Windungen der Tempel von Ellora die Regeln für die Auswahl der Opfer, die Zeit und die Art des Menschenopfers. In Ellora tanzt und vermählt sich Shiva, köpft Vishnu den ungläubigen König, erschüttert der vielgestaltige Dämon Ravana den Thron Shivas und Parvatis durch ein gewaltiges Erdbeben, sind die Mütter zugleich die Grazien, ist Shivas Gemahlin zugleich Kali, die zerstörerische und erbarmungsreiche, die Töterin und die Wohltäterin. Ich rüttle mich wach, entwinde mich aus diesen wild wuchernden, zu Stein gewordenen Träumen. Ob es erlaubt und fromm ist, zu erwachen, weiß ich aber nicht.

AURANGABAD, IN DEN FÜHRERN so gut wie unerwähnt, ist eine reizende Mogul-Stadt. Und nach Ajanta und Ellora ist ein Mogul-Denkmal eine tröstliche Entdeckung. Die ersten Spuren dieser Kunst, die vom 16. Jahrhundert an von den Moguln, türkischen Moslems, nach Indien gebracht wurde, hatte ich im Museum von Bombay entdeckt. Dem lückenlos indischen ersten Stockwerk entspricht dort ein zweiter Stock mit bezaubernden Mogul-Miniaturen. Man bemerkt, wie anders das Fließen eines Baches erscheinen, wie wohlwollend und tröstlich ein Wald sein kann; die Mogul-Miniaturen und Malereien und, wie ich nun sehe, auch die Baudenkmäler atmen Entspannung, es gibt Raum, die Luft zirkuliert, und endlich können wir das Wort »Kunst« wieder verwenden; diese Zeichnungen, diese Baudenkmäler mit ihrem fernen, mittelmeerländischen, byzantinischen, arabischen Beigeschmack bewegen sich im Rahmen einer geistigen, wohl auch asketischen Symbolwelt, die jedoch niemals traumartig ist und nicht der »Naturform« folgt, die der Kern der indischen Einbildungskraft zu sein scheint. Aurangabad bekam diesen seinen Namen vom Kaiser Aurangzeb, der es im siebzehnten Jahrhundert besetzte und das ganze Jahrhundert hindurch als eine Art südliche Hauptstadt verwendete. Der Name Aurangzeb ist den Europäern nicht unbekannt. Reisende trugen den prunkvollen und dramatischen Ruhm seines Reiches, seiner Grausamkeit und seiner Reichtümer in den Westen; in Frankreich und in England verliebten sich die Dichter in dieses exotische, schöne Ungeheuer; als Orenzeb tobte er, böse und mächtig, auf Europas Bühnen: die eleganten Verse eines Dryden bekam er zum Geschenk. In Aurangabad ließ der Sohn des Kaisers für seine Mutter ein liebevoll schlampiges Denkmal errichten, in seiner Süße eine Nachahmung des verspielten Taj Mahal, das zwei Generationen früher von Shah Jahan, dem Vater Aurangzebs, gebaut worden war. Bibi-ka-Maqbara, das Denkmal in

Aurangabad, ist gesegnet mit dem trostreichen Wasser, Wasser als Architektur, das zu den Wunderdingen der islamischen Baukunst gehört, und mit friedlichen Pflanzen, die willig einen wehrlosen, leise klingenden weiblichen Tod schmücken. Wie immer bei den Mogul-Denkmälern finden wir auch hier einen weichen Marmor, von der quälerischen Eleganz einer zarten Nadel durchstochen; das Grabmal der ersten Frau Aurangzebs gehört zwar nicht zu den größten Werken, aber es hat die leichte Anmut eines Gegenstands, der mitten in die Luft gestellt ist wie in einen Garten, dem die beklemmende Pracht des heiligen Dschungels fremd ist.

Aurangabad ist eine Stadt der Mogul-Gräber; aber es ist weder tragisch noch unheilvoll; in diesem unermeßlich weiten Indien gibt es keine Gräber außer den islamischen oder den christlichen; die Hindus verbrennen die Leichen, die Parsen geben sie den Geiern zum Fraß, und überall riecht es nach fruchtbarem und wildem Tod. Der islamische Tod ist dem unseren verwandt, aber er ist von so zarter Hingabe und vor allem von einer Demut, wie sie bei uns nur selten vorkommt. Nichts Prunkvolles hat das Grabmal von Aurangzebs Frau, sondern es wirkt eher wie eine Dekoration, ein winziges Möbelstück zum Schmuck des heiligen Ortes, an dem sich Gott und das Nichts begegnen. Das Grab eines islamischen Heiligen ist ein bizarres Spiel, eine Mühle mit einem kühlen Wasserfall; und unter den vielen abseits gelegenen Gräbern ist eines, kahl und ohne Zeichen der Macht, wo er begraben sein wollte, der Prunkvolle, der Mächtige, der Schreckliche, Aurangzeb, der Mogul-Kaiser. Ein weißer, gekalkter Grabhügel in einem abgelegenen Hof: kein Ornament, keine Majestät, sondern eine totale, entschiedene Verlassenheit; der Kaiser überläßt sich liegend und ohnmächtig den Fahndungen seines Gottes. In derselben Umzäunung wurde auf Wunsch des Kaisers die unendlich vornehmere Grabstätte seines Lehrers untergebracht: ein Grab, über das ein großes schweres Seidentuch gebreitet, das mit Blumen geschmückt ist und an dem ununterbrochen Bitten, Huldigungen und Gebete verweilen. Nun, da der Tod endgültig über das Mogul-Reich regiert, ist der Thron des Monarchen ein einsamer gekalkter Stein, und über alles gebietet ein altehrwürdiger Leser des Korans.

Wie ein eingefleischtes Waisenkind vertraue ich mich aufs neue dem Surren eines mechanischen Engels an; es ist ein gestrenger indischer Engel mit sachlichem Zeremoniell.

Von Bombay aus sollte ich nach Kalkutta, dann nach Bihar, aber die Zeitungen warnen mich: Überschwemmungen. In einer Woche ist Patna, die Jaina-Stadt, zweimal untergetaucht, vollständig. Der Brahmaputra tritt über die Ufer, der Ganges, Beförderer ausgestreuter Aschen, rumort aufrührerisch: im ganzen Norden wütet der Regen, Regenattacken, aufbrausend und beschränkt, wie ich sie in Bombay, unter der Eisenbrücke zusammengekauert, erlebt habe. Die indischen Überschwemmungen sind Tagesgeschehen und Mythologie, heilige Katastrophen; die Schneemassen des Himalaya töten bei der Schmelze; die Luft ist allerorten dick und schwer, am Himmel lagern sich Wolken und Nebelschwaden. In der Erwartung, daß der Norden trocknet, werde ich in den Süden reisen: nach Goa. Hinter mir liegt Bombay, Aurangabad und die ländliche Umgebung von Ajanta und die unergründlichen Höhlen, die ein Jahrtausend im Dschungel schliefen; und die Höhlen von Ellora, die fein ziselierte Pflanzenkunst. Ich frage mich, was ich nun eigentlich von Indien weiß. Ich habe Bilder im Kopf und ein Trauma im Leib, mit dem ich nur langsam zu Rande komme. Mir fällt ein, daß es Leute gibt, die auf Urlaub nach Indien fahren, und ich frage mich, was das wohl für Leute sein mögen. Bombay hat mir zu der Einsicht verholfen, daß es in Indien den »Nächsten« wohl nicht gibt; das ist ein leichter, ein elementarer Begriff, aber wenn er unter den Spielmarken fehlt, mit denen wir die Welt kaufen und verkaufen, dann rückt diese Welt unendlich in die Ferne, wird friedfertig und unzugänglich. Weder die Städte in ihrer Glorie noch Feste werden mir jene einfachen, lachhaften, sogar heiteren Worte sagen, die mir der Bettler von Bombay gesagt hat: die mißtönende Mücke in

Kindsgestalt, die neugeborene Mutter mit ihrem winzigen kranken Klümpchen im Arm. Hab kein Mitleid; und zugleich, gib den gescheiten Wonnen des Sadismus nicht nach: Vor dem unermeßlichen Spiel des indischen Zusammenlebens stehen, dessen Zeichen erlernen und dabei wissen, daß man nachher nicht wird mitmachen dürfen und zugleich auch nicht mehr zurückkehren kann. Ein emblematisches Bild von Bombay: Es ist Nachmittag, Gewölk und Hitze; auf einem harten Trottoir, einem Trottoir aus Stein, an der Kreuzung von zwei Straßen schläft verlassen, ihrer eigenen inneren Weichheit anvertraut, ein Mädchen von ungewöhnlicher Schönheit; aber nichts ist so verführerisch und so hohnsprechend wie die körperliche Gelassenheit und Sanftheit dieses Mädchens, das sich, mit einem schmutzigen Lappen zugedeckt, der Freundschaft des Trottoirs anvertraut. Ganz anders als die gequälte schlafende Gorgo, die ein griechischer Bildhauer mit dem Schweißtuch der Verzweiflung schmückte und sie in sich selbst versinken ließ wie in einen Alptraum, wohnt dieses Mädchen in einer fernen anonymen Mythologie; schwankend zwischen Geburt und Tod, hat sie ihren Schlaf bei sich, immer leicht aufrollbar, kauert sich in seinem Schoß zusammen, knabbert vielleicht an ein paar rasch vorübereilenden Träumen und liegt inzwischen reglos da; macht es sich unter ihrem Körper nicht die Härte der Straße bequem, welche Art des Zusammenspiels besteht überhaupt zwischen diesem Körper und diesem Straßenpflaster? Ich frage mich, was wohl »Schmerz« in diesem wehrlosen und okkulten Wortschatz bedeuten mag und was »Gerechtigkeit« und wo in diesem körperlichen Universum der Platz der Tränen sei.

Ich entferne das süße, undurchdringliche Bild aus meinem Kopf und finde einige Bröckchen Aurangabad und Ajanta. Einige Bilder, die ich angesehen und vergessen habe, verfolgen mich seltsamerweise als Erinnerung; die Muttergottheiten von Ellora, der tanzende Shiva; manche von den Steinskulpturen in Ajanta haben weit aufgerissene Augen, aber ohne Pupillen. Diese weichen, verstörten Figuren haben den schmalen, ebenso friedvollen wie quälenden Pfad gefunden, auf dem es gleichermaßen gewährt ist zu träumen und wach zu sein, nicht zu sehen und die Augen weit offen zu haben, in einen Schlaf versunken zu sein, der einen weder ausschließt noch einschließt. Diese Figuren sehen aus, als wären sie ihr eigener Traum und als wäre es ihnen bewußt, daß ihnen der irdische Zusammenhalt fehlt, daß sie aber in einer unendlichen symbolischen Festigkeit leben. Ich frage mich, welche Beziehung zum Traum wohl die hatten, die diese weichen alptraumlosen Bilder gemalt haben. Auch kleinere Erinnerungsbilder kommen mir und ich möchte sie festhalten. Zwischen den Felsen in der Umgebung der heiligen Höhlen, auf den Wiesen und in den Ruinen von Aurangabad, über die Marmorsteine des Grabmals für die Gemahlin Aurangzebs sah ich länglich und flink zarte Eichhörnchen huschen, Eidechsen ähnlich, aber mit einem eisengrauen, gestreiften Fell. In einer perfekten senkrechten Linie kletterten sie die Felsen hoch, die Äste entlang, sie waren von exotischer, kunstreicher Zartheit, flink und still; inmitten der bis ins Kleinste ausgestalteten Höhlen der Hindus und der Buddhisten erschienen sie wie leichte ironische grafische Mogul-Phantasien, Stoff für Miniaturen im Herzen des Denkmals, wie listige niedrige Gottheiten unter den großen, schweigsamen, süßen und gleichgültigen Bildern. Ihre Augen haben Pupillen.

Auf der Straße von Aurangabad nach Ajanta kommt man an einem Dorf vorbei; seinen Namen weiß ich nicht mehr. Eher als ein Dorf, das Wort ist zu arkadisch, ist es eine zerbrechliche vorläufige Stätte für Menschen. Es gibt keine Häuser, nur Holzbaracken und ein paar Blechplatten. Keine Hütten. Ich sehe keine Tempel, und wären sie noch so bescheiden. Irgendwo, denke ich, wird wohl ein heiliger Bildstock stehen. Diese Ortschaft ist weder der

Anfang einer Stadt noch die Nachahmung einer Stadt im Kleinen. Sie ist eine hinfällige Wohnstätte, eine Etappenstation an der verlassensten Karawanenstraße. Ein Ort des Elends, aber das Elend wird erträglich durch die Vorläufigkeit eines jeden Gegenstandes. Diese Vorläufigkeit ist nicht städtebaulich gemeint; das metaphysische Vorübergehende, an dem der Ort teilhat, gibt seinem Leben im Unglück Grazie. Nach der städtischen Raserei von Bombay finde ich in dieser Ortschaft die Anzeichen einer Würde, einer vitalen Ehrbarkeit, einer Leichtigkeit im Stil, die in der Großstadt untergehen.

Die ganze Gemeinde ist arm, Bettler sind eine Seltenheit; die wenigen durchreisenden Touristen vermögen diese in sich ruhende Welt des Elends nicht zu verderben. Die Kinder scharen sich um ein fremdes Gesicht, aber ohne sich der mitleidlosen Kuppelei des Unglücks zu bedienen. Im Gegenteil: sie bieten etwas zum Tausch an, wollen handeln; und das ist zugleich auch ein Spiel. Ein kleiner Junge bietet mir einen Stein an, und ich muß sagen, es ist wirklich ein schöner Stein; ein kleines Mädchen hat eine leere Schachtel für mich: und ich kann nicht umhin zu denken: was mir das Mädchen da anbietet, das ist die Leere, recht und schlecht abgegrenzt durch die Pappe, und die Leere ist ja der Rohstoff für alles, was möglich ist. Ein anderes Mädchen möchte mir eine Ansichtskarte verkaufen, was durchaus vernünftig erscheinen könnte, wenn die Karte nicht schon geschrieben wäre. Diese Ansichtskarte hat ihr Ansichtskartenschicksal schon hinter sich; wird mir hier eine Seelenwanderung der Ansichtskarte nahegelegt oder vorgeschlagen?

Die Straße entlang und auch noch in dieser Ortschaft sah ich viele Tiere und fing an, mir Fragen über die Daseinsart der Tiere in dieser Welt zu stellen. Zwischen dem Inder und dem Tier besteht eine Vertrautheit, die uns unbekannt ist; sie gehören als Komplizen zu demselben System von Riten und Symbolen. Ich sah Ochsen mit rot und blau bemalten Hörnern; das Fest der Ochsen steht vor der Tür, die Tiere bekommen einen Tag frei, ihre Herren essen Süßigkeiten zu Ehren der Ochsen; auch die Ziegen und die Schafe feiern die Ochsen: Sehe ich denn nicht, daß ihr Fell rot und blau gefleckt ist? Und man feiert das Fest der Ochsen in ganz Indien? Ja, in ganz Indien.

Auf den staubigen, westernähnlichen Straßen streichen viele Hunde herum, friedfertige, vertrauensselige Hunde, Bastarde durch und durch; sie liegen mitten auf der Straße, und wenn das bedrohliche Ektoplasma eines Omnibusses dahergerattert kommt, machen sie kaum ein Auge auf: sie wissen, daß der Fahrer alles tun wird, um kein Tier zu überfahren; wenn es trotzdem vorkommt, daß ein Hund seine Pfote von der Straße zurückzieht, dann macht er das eher aus Höflichkeit denn aus Angst, nur um dem Fahrer eine schwierige Passage zu ersparen. Es sind sehr friedfertige Hunde, die nicht bellen, nicht verfolgen, nicht knurren, sie schwänzeln träge und lassen sich von der Welt umgehen oder umfahren. Sie wissen wohl nicht, daß der Fortschritt im Begriff ist, auch diese Welt zu erreichen, der seine Gesetze so fremd sind. Aber unterwegs habe ich einen toten Hund gesehen, den sicherlich ein Auto überfahren hat, es war ein kleiner Hund, den sein bescheidenes analphabetisches Karma nicht hinreichend beschützt hat.

Ich bin in Goa angelangt mit der Vorstellung, hier sei der geeignete Ort für eine kurze Ruhepause, für eine lehrreiche Erholung auf dieser indischen Reise, die sich als schwer begehbarer Weg und als schuldloses Trauma ankündigt. Bombay hat mir ein Mal hinterlassen, Ajanta und Ellora haben mich beunruhigt durch jene Gesichter, die, zwischen Schlafen und Wachen schwebend, den Stein erweicht haben, und durch die Neigung, den weiblichen Körper als in die zarte Klausur eines Traumes eingeschlossen zu deuten; wenn mir die Mogul-Gräber schmeichelnd entgegenkamen, so erinnerten mich das Gekrächze der unsichtbaren Pfauen und das stille, kindliche Laufen der Eichhörnchen an die Existenz einer faßbaren, anonymen und wohlgesonnenen Welt, die sich aber vor diesen Dschungeln und diesen Küstenstrichen scheu verbarg. Daß Goa ein erholsamer, wenngleich im indischen Kontext verlogener Ort sei, hatten mir einige Plakate trivialsten Fremdenverkehrs beigebracht oder zumindest nahegelegt. In Goa kann man nämlich baden; o nein, solche Extravaganzen wie beispielsweise im Meer zu schwimmen, habe ich nicht einmal im Sinn, weiß aber vom Hörensagen, daß Badeorte entspannend und albern, bequem und verachtenswert sind, und ich lechze nach ein wenig Torheit. Aber es ist wahrscheinlich, daß mich andere Stimmen nach Goa rufen; das Kuriosum – geradezu etwas für Briefmarkensammler – dieses winzigen Landes, das bis 1961 noch portugiesisch war; außerdem möchte ich, gepeinigt vom perversen Englisch der Straße und vom spezialisierten Englisch der Hotels, abgewiesen von den raschen Sprachen des auftauchenden Indiens – vom Marathi und vom Gujurati, außer vom Hindi – gern eine Sprache hören, die mit dem Kolosseum verwandt ist. Ich frage mich, ob es wohl in diesem bis vor fünfzehn Jahren unter Fremdherrschaft stehenden Land noch etwas Portugiesisches gibt. Wenn Goa in Europa wäre, dann wüßte ich, was dort jede beliebige Regierung gemacht hätte:

Man hätte das Portugiesische verboten, hätte deportiert und importiert, Zeitungen gäbe es nur in einer Sprache, die den Einheimischen beinahe unbekannt wäre, und dann die heilige Anwesenheit des Vaterlands, leuchtendes Geschick, ruchloses Erbe und ähnlicher Schwachsinn mehr. Und trotzdem überlege ich jetzt: Wenn man die Jahrhunderte alte portugiesische Küste nicht dem Erdboden gleichgemacht hat, wird es zumindest noch irgend etwas zu sehen geben. Schließlich, und das ist das Wichtigste: Goa ist katholisch oder müßte es wenigstens sein. Wenn man anfängt, den schlangenhaften Wonnen, den einschmeichelnden Metamorphosen, den wiederholten kosmischen Maskeraden der Gottheiten – zahllose göttliche Wesen in einem – in der indischen Welt, der wasser- und pflanzenartigen Allgegenwart des Heiligen auf den Geschmack zu kommen, dann verspürt man auf einmal Lust, wieder gegen die verfänglichen, aber unwandelbaren Maschinen der Dogmen anzurennen. Denn wie sollte man mit jenen lächelnden und zerstreuten Gesichtern, mit jenen glatten, nächtlichen, entfremdeten Gliedmaßen überhaupt einen Streit beginnen? Wie ihre Welt betreten, die von den handfesten, dümmlichen Sicherheiten der Grammatik nichts ahnt? Ich habe gespürt, wie zauberisch und fern jene wunderbare und eigentlich nicht unbegehbare, sondern kreuz und quer durchstreifbare Welt ist: ein Ort zarter Gespenster, heimlicher Spiele des Geistes und der Gliedmaßen; wo alles tanzt und träumt, wo alles, sein steinernes Kleid vergessend, auf eine Inkarnation als Blatt, Vogel oder Fisch erpicht ist. Nun habe ich Lust auf mein uraltes Unbehagen als Europäer, Italiener und Römer, ich möchte mich schikanieren lassen von der logischen Schärfe klarer und unmöglicher Behauptungen. Ich habe Lust auf Pfaffen, Klosterfrauen, auf Heiliges Jahr, Katechismus, Beichtstühle und gregorianischen Gesang, auf in juristischer Kleinarbeit katalogisierte Wunder; ich habe Lust auf die ärmliche Ausdrucksweise, die unser italienisches Christentum so unbewohnbar und so beruhigend macht. Das ist keine vornehm religiöse Attitüde, sondern es erscheint mir realistisch – da haben wir ein Wort, das wahrscheinlich in keiner der hundert indischen Mundarten vorkommt.

Goa ist anders. Bevor ich hinkam, hatte ich alles gelesen, was umfassende und ausführliche Reiseführer hergaben; nichts zu machen; unmöglich etwas zu lesen und dann zu finden, daß der Ort, den wir besichtigen müssen, dem Gelesenen mehr oder weniger ähnlich ist. Man findet sich nicht einmal zurecht. Freilich fehlen in den Reiseführern die Farben und die Gerüche – wie auf den Fotografien. Aber vor allem fehlt die Literatur: und ich würde sagen, daß der »Ort«, die »Stadt«, das »Land« nur als rhetorische Figuren, als literarische Gattungen existieren. Manchmal gerät der eine oder andere Text, in dem ich nachschlage, einen Augenblick in Aufregung: anstatt die Stockwerke eines Gebäudes zu zählen, was eine ästhetisch frustrierende Unternehmung ist, bricht er in kurze, schlampige Begeisterungsrufe aus, sagt Dummheiten, seufzt, macht Handbewegungen, als wollte er sagen »nie gesehene Dinge«. Wahrscheinlich sind Ausrufe dieser Art nützlicher als eine minutiöse Beschreibung halb eingestürzter Gebäude. Man bekommt wenigstens eine gefühlsmäßige Rechtfertigung, nach Goa oder sonstwohin zu fahren.

Wie dem auch sei, Goa ist wirklich besser. Ich weiß nicht, ob es erholsam ist; die Marotten und die Launen der Geschichte sind selten wirklich erholsam. Wenn Sie ein Schweizerhäuschen mit Herden ringsum brauchen, dann fahren Sie nicht nach Goa. Aber sonst gibt es alles. Theoretisch kann man auch im Meer baden: aber man muß die richtige Jahreszeit zu wählen wissen, die fast das ganze Jahr dauert, ausgenommen die Zeit, in der ich dort war. Ich hatte in einem Hotel direkt am Meer, senkrecht über dem Strand, mit Ruinen einer portugiesischen Festung, Logis genommen und genoß das dumme Grollen der Wellen und die tropische Nacht. Wenig auf der Welt ist erholsamer und aufreizender als ein Sonnenuntergang in den Tropen; und Goa tat sein Bestes, um ein erprobtes Produkt zu liefern. Es ist die Via Condotti der tropischen Sonnenuntergänge. Eingangs Wolken hoch oben in nobler, abstrakter Manier, während der Himmel dunkler zu werden beginnt; dann leichtfertigere Wölkchen wie Kissen, Polster, Matratzen, Négligées; und am Ufer dehnen sich die Palmwedel als Strumpfbänder, Plumeau und Schönheitspflaster; und die Wellen klimpern dazu auf dem Gravicembalo. Wenn dann die Nacht den Himmel versiegelt, hat man den Eindruck, einem zweideutigen Schauspiel beigewohnt zu haben. Zum Ausgleich ißt man erlesensten Fisch, von portugiesischen Köchen zubereitet und in tropischen Farben glaciert. Im Hotel erfährt man, daß das Portugiesische noch immer fließend gesprochen wird, insbesondere von den Katholiken; in den Schulen wird es unterrichtet und es gibt sogar eine Zeitung – »O Heraldo« – auf selbstmörderischem Papier, aber in portugiesischer Sprache. Die Inder haben die alten Traditionen nicht zerstört, und Goa bleibt das Kuriosum, das es schon immer war: mit einer anderen Sprache, einer anderen Religion, einer anderen Architektur. Es gibt ein Opernhaus, so wird mir erzählt, und in der letzten Spielzeit wurden »Tosca« und die »Bohème« aufgeführt. In der Schule lernt man außer Portugiesisch auch Englisch, Französisch, Hindi und Konkani: letzteres ist die hiesige indische Sprache und wird mit lateinischen Buchstaben geschrieben, ich glaube als einzige in ganz Indien. Die ehemaligen portugiesischen Kolonien – außer Goa noch Diu und Daman, die Hunderte von Kilometern höher im Norden liegen – wurden nicht unter die anderen indischen Staaten aufgeteilt, sondern bilden ein autonomes Territorium. Derlei Feinheiten wurden den Indern allerdings nicht von den Abendländern beigebracht.

Als ich ankam, war ich überzeugt, eine große Stadt namens Goa vorzufinden. Ich weiß, ich bin ziemlich ahnungslos. Die Stadt Goa – das Alte Goa – gibt es schon seit vielen, vielen Generationen nicht mehr: sie hat ein Erbe von Kirchen und Klöstern hinterlassen, zum Teil als Ruinen, zum Teil glorreich funktionierend. Nun bezeichnet der Name Goa das ganze Territorium, und zwischen windungsreichen Straßen, sattgrünen Feldern und sanft murmelnden Bächen liegen Dörfer hingeduckt, die den Beigeschmack einer Grenze und das mestizenhaft Unreine von Orten haben, wo das Leben mit Phantasie und ohne Zwang wirken durfte. Ich glaube, Goa war anfänglich, in seinem ursprünglichen Entwurf, als Arkadien geplant. In einem Kontinent, wo alles nach einem angstvoll ausufernden Maß gemacht ist, die Flüsse über die Ufer treten, die Berge unbesteigbar sind, die Sümpfe Malaria ausdünsten und die Winde alles hinraffen, erscheint Goa als die einzige Vorratskammer von Bächen, Feldwegen, Blättern, die unglaublicherweise rauschen, friedlichen Tieren, die aber ein bißchen weniger abgemagert sind als anderswo. Aber nein, ich ertappe mich bei einem Irrtum. In Wirklichkeit ist in diesem Arkadien zumindest ein Schönheitsfehler deutlich sichtbar: die Hunde. Bis jetzt hat mich in Indien noch kein Hund angebellt: aber hier in den katholischen Sakristeien stoße ich zum erstenmal auf Hunde, die knurren, mich verabscheuen und mit Knutenhieben beschwichtigt werden: kein Zweifel, diese Hunde haben eine abendländische Moral. Ein einheimischer Hund hätte weder gebellt noch geschwänzelt, er hätte mich vollkommen ignoriert. Die indischen Hunde sind Elemente der Gesellschaft, aber die Hunde von Goa wissen, daß sie einen Stellenwert in der Geschichte haben, und sie wollen sich den Plänen der Vorsehung nicht entziehen.

Offenbar bestehen Gründe für die Annahme, daß die Leute zum Baden nach Goa kommen: Wir leben in einem ehernen Zeitalter, und diese Annahme mag zwar leichtfertig, aber doch fundiert sein. So kommt es, daß in Goa ein hervorragendes Hotel existiert, das abseits am Meer liegt: und von dort müssen Sie sich mit einem Taxi fortbewegen, wenn Sie die süßen Wunderdinge dieses kleinen Stücks Arkadien sehen wollen. Die Taxis sind gut, eine Ausnahme in Indien, und man braucht sich während der Fahrt nicht die Eingeweide zu halten. Sie können in die Hauptstadt Panaji fahren: ein Dorf mit Denkmälern; Sie können an den Häfen verweilen, friedfertige Führer genießen, sich an keuschen Kaskaden und klaren kleinen Seen ergötzen und vor allem werden Sie vermutlich die Kirchen sehen wollen.

In Goa gibt es Kirchen, Kapellen, Kathedralen, Basiliken, Kirchlein, verstorbene, im Todeskampf liegende, blühende, herzliche, anachoretische, abweisende, liebenswürdige Kirchen; gottverlassene Kirchen – nur noch aus Mäuerchen und baufälligen Kirchtürmen bestehend; öde, verlassene Klöster; überfüllte Klöster; es gibt Nonnen, es gibt Priester, es gibt Nonnenfriedhöfe und Priesterfriedhöfe; Grabsteine von Bischöfen, apostolischen Nuntii und Vizekönigen mit lauter heiligen Sprüchen: es gibt Chöre, heiliges Goldgerät, berückende Sakramente, noble Meßgewänder; mancherorts rankt sich höhnisch Gestrüpp um zerfallene Altäre; entweder erschallen edle Kirchenglocken oder es hockt exotisches Geflügel im Luftraum lautloser, versunkener Glocken. Ein weißes Gemäuer kann das Nichts verbergen oder durchreisende Seminaristen und Priester beherbergen. Hier ist das Rom des Orients, bekomme ich gesagt; aber meiner Meinung nach hat Rom im Vergleich zu Goa einen allzu starken Stich ins Laizistische, ins Profane. Und außerdem geht das grandiose Gespenst eines Heiligen in Goa um, sein Fluidum ist allerorten zu spüren: der heilige Franz Xaver. 1514 aus Portugal hierher gekommen, machte er von hier aus seine Missionsreisen in den ganzen Orient; aber hier ruht sein Leib in einem kostbaren Sarkophag.

Die Kirchen Goas liegen fast alle nahe beieinander im Stadtgebiet von Alt-Goa; zwischen dem Ende des 18. und dem Anfang des 19. Jahrhunderts verlassen, wahrscheinlich von der Malaria entvölkert, verschied die Stadt Goa in aller Schönheit, verzichtete auf die gewöhnlichen Wohnviertel und überlebte herrschaftlich als Vitrine im Freien mit ihren verstorbenen Kirchen, Bruchstücken von Regierungspalästen, dem Triumphbogen des Vizekönigs. Das vollkommene Verschwinden der bescheidenen Bauten sagt uns, wie bescheiden diese gewesen sein müssen; eine vornehme Familie von Denkmälern, durchmischt mit Denkmälern von asiatischer Unscheinbarkeit und Baufälligkeit, das muß Goa gewesen sein. Die Führer sprechen von der »Größe« und von der »Armseligkeit« Goas; in Wirklichkeit existiert nur die Größe. Selbst die Ruinen, wie der Turm der verschwundenen Augustinus-Kirche, sehen nicht nach Ableben oder architektonischem Siechtum aus, sondern nach der Einsamkeit und der Agonie eines Königs. Nichts ist zu spüren von Öde oder Verlassenheit, sondern eher ein Hauch Friedhofspracht; Goas tote Kirchen ruhen in einem Sarkophag aus tropischer Luft. Der Sarkophag faßt auch die nicht toten Kirchen, aber so als hätten sie sich in einem einsamen Zeremoniell abgesondert. Pfarreien der Wüste, Kathedralen verschwundener Generationen, halbleere Basiliken in Erwartung von Prälaten, Fürsten und Kriegern, allmählich besiegt von der langsamen Gedankenlosigkeit der Geschichte, es ragen empor monumentale, unversehrte, mannigfach ausgestattete, aber nicht überladene Kirchen, Beispiele einer tragischen Architektur, auch wo sie prächtig ist. Die leicht gastronomische Süße des römischen Barocks gibt es hier nicht, wohl aber die kunstreichen und wohlgefügten Linien der portugiesischen Architektur. Es gibt keine Kirchen im Kolonialstil; nicht einmal die winzige Kapelle der heiligen Katharina, erbaut 1510, im Jahr der Eroberung, ein enges Gehäuse für betende Matrosen und Seeräuber. Die großen Kirchen – Sankt Franz Xaver, über dem Leichnam einer Moschee erbaut, die auf dem Grund ihr Gerippe noch sehen läßt; Bom Jesus, die berühmteste Kirche, zwischen deren großartigen Mauern und kompakten vergoldeten Altären unschuldige tropische Vögel herumfliegen. Im Bom Jesus gibt es ein Domkapitel mit wertvollen Gewändern und respektablen Stimmen; sie singen zu Ehren des heiligen Ignatius, dessen riesige Statue wie ein königlicher Popanz emporragt, und zu Ehren des heiligen Franz Xaver, der hier in einer Kapelle ruht, sein Leib als Mumie in den Schmuck eines Sarges aus Marmor und Gold eingeschlossen. Der Orient liebt die Heiligen und kümmert sich weniger um das Zeugnis ihrer Religion als um ihr numinoses Wesen. Der heilige Franz Xaver genießt in Asien einen beharrlich heterodoxen Ruhm. In Malakka in Malaysia ist unter den Trümmern einer vormals katholischen, später calvinistischen Kirche eine Grube, die heute noch heilig ist, weil sie vor Goa seinen Leichnam beherbergte. Er war ein »himmlischer Mensch«, heißt es bei Pater Bartoli, dem Historiker aus dem 18. Jahrhundert, der vom jungen Ruhm der Gesellschaft Jesu erzählt, ein Mann von okkulter, wahrhaft orientalischer Berufung: »Oft geschah es ihm«, erzählt Daniello Bartoli, »daß er lebhaft träumte, er lüde sich einen Inder, schwarz wie ein Äthiopier, auf die Schultern und trüge ihn durch einen weiten Raum hindurch in die Ferne und er spürte dessen Gewicht so schwer auf sich lasten und drücken, daß er kaum der Mühe standhielt, diesen weiter zu tragen«; sein Leben in der Mission, von Goa bis zu den Molukken und nach China, enthüllte ihm die »Rätsel« und deutete ihm »den geheimen Sinn« eines barock chiffrierten Geschicks. Jahrhunderte lang soll sein Leib unverwest geblieben sein, obwohl ihm eine Zehe abgenommen war, die ihm ein reliquiensüchtiges Weibchen abtrennte, während es so tat, als wollte es die Zehe küssen; aber es wurde entlarvt durch das reichlich hervorquellende Blut, so rot wie bei einem Lebendigen. Demütig und intolerant lebte er sein Leben mit allen seinen Katastrophen, Stürmen, Schiffbrüchen, Fieberanfällen; und seine gewaltsamen Unternehmungen zehrten an seinem Körper, der zur Unverwesbarkeit bestimmt war, und machten ihn »bleich und hinfällig«. »Er hatte eine geräumige Stirn, eine harmonische Nase, ziemlich blaue Augen, einen schwarzen Bart und dunkelbraunes Haar; und er selbst schrieb dann im letzten Jahr seines Lebens, daß sein Haar nunmehr schneeweiß geworden sei. Er pflegte ohne Umhang zu gehen«, jetzt ist er in Marmor und Gold gekleidet. Es ist einige Jahre her, daß er vor einer unübersehbaren Menschenmenge ausgestellt wurde; ein ausgedörrter, zerbrechlicher Leib, in dem das wunderbare lebendige Blut versiegt war; ein Leib, den die überstürzte Hingabe der Tropen schon angegriffen hatte. Ein sanftmütiger und äußerst grober Mensch; er weigerte sich vor seiner Abreise nach Goa, seiner alten Mutter Lebewohl zu sagen: »Dazu werden wir im Himmel Zeit haben«. Er umgab sich mit Aussätzigen, erweckte Tote, verbrannte Götzenbilder. Jetzt ist er der Ruhm einer toten, königlichen Stadt. Ist er der Schutzherr Arkadiens oder seine heimliche Krankheit?

Es kommt der Augenblick, in dem man sich aus Goa wegschleicht, natürlich merkt man, das ist falsch; überall in Indien bezaubert der Hang zum Vielgestaltigen und läßt einen abschweifen. Hier gibt es keine Wahrheit, existiert keine unveränderliche Maßeinheit, man kann wohl niemals genau wissen, wie groß eine Gestalt ist, die man nur flüchtig im Traum gesehen hat; in einer lockeren Spannung mimt etwas Pflanzliches ein Tier, der Stein strebt nach dem Weichen des Blattes, der Baum studiert Architektur, hat eine Schwäche fürs Barocke. Indien greift überall um sich, dringt ein in alle Vertiefungen wie das unschuldige Wasser: in aller Stille weicht es auf und zerfrißt, läßt versumpfen und nährt. Goa ist einmalig, ist nicht wiederholbar, eine der absurdesten und feinsinnigsten Erfindungen der Geschichte; aber es ist kein »Zipfel Mittelmeer«, es ist kein »Rom des Orients«, es ist kein »katholisches und lateinisches San Marino« im ozeanischen Indien: Es ist Indien, eine der immer etwas monströsen Blüten dieses illusionistischen Waldes. Als Abendländer habe ich Goa erlebt als ein eingefrorenes, doch nicht hinfälliges Arkadien mit zahllosen Heiligen, goldenen Schreinen, singenden Chorherren, alle um eine Mitte geschart: um das dekorierte tote Herz der zum Kind geschrumpften Mumie des heiligen Franz Xaver. Auf diese Weise läßt sich Goa lesen als eine rhetorische Figur, eine manieristische Erfindung, die sich aus höchster Spiellaune freiwillig an den Rand des riesigsten und fremdesten Palimpsestes der Welt schreiben ließ. Ein ermutigendes, gebildetes, vertrautes Bild. Wenn Goa ein Meisterwerk des geistigen Manierismus der Geschichte ist, dann sind seine eleganten Ruinen die Kostproben, ist die Kirche des heiligen Franz Xaver oder die des Bom Jesus ein bizarrer Auszug aus der Geschichte der europäischen Architektur, verpflanzt in ein feuchtes, heißes Klima. Die Mitte von allem, der Leichnam des Heiligen, des Heiligen des Orients, speist einen frommen Strahlenkranz, einen vergoldeten Reliquienschein à la Herz Jesu, à la Allerheiligstes. Sollten die großen, halb leeren und verfallenen Kirchen diesen aufgeweichten Wind, diese leicht zweideutigen Palmen, diese violetten rastlosen – »Ewiger Jude« genannten – Blumen nicht ertragen? Sicher ertragen sie das alles; sie nehmen es freundlich auf, überlassen sich ihm, saugen sich damit voll. Aber das Zusammenleben eines Heiligen und eines Palmbüschels ist in Indien ein verwegenes und zugleich familiäres Experiment. In einer Welt, wo alles einen Hang zum Symbolischen hat, verlangt das Schicksal der Leiche des heiligen Franz Xaver nach einer Deutung. Jahrhunderte lang blieb der Leib unversehrt in dem trägen, malariaverseuchten Klima; er kam unversehrt aus einer Kalkgrube hervor; hielt sich auf im regnerischen Malaysia; fuhr übers Meer; und wurde in Goa glorreich auf einen toten Marmorthron erhoben. In höfischen Abbildungen treten seine Wunder und seine barmherzigen Taten um ihn: geborgene Schiffbrüchige, erweckte Tote, betreute Aussätzige. In dem immer älter werdenden Leichnam blieb das Blut rot und lebendig. Die Leiche erschien als das Meisterstück einer manieristischen Phantasie innerhalb einer barocken Erfindung; eine Hyperbel, die sich unter Metaphern verirrt hat; ein »concetto«, ein Einfall, eine Pointe. Aber jetzt ist es nicht mehr so: Seit einigen Jahrzehnten schon ist der Leib des heiligen Franz Xaver in Auflösung begriffen. Nachdem für die Verwesung die Zeit endgültig vorbei ist, blättert der kostbare Tote ab, zerbröselt langsam, die kompakte Mumie geht in Staub über. Vor einigen Jahren wurde der Leichnam zur Anbetung ausgesetzt: Hunderttausende kamen, sicherlich nicht lauter Katholiken. Es war wohl das letzte Mal, daß man ihn sehen und noch erkennen konnte; das Wunder geht nun seinem Abschluß entgegen, denn ein Wunder war es freilich wie alles, was an diesen Orten geschieht; aber zu einem Wunder gehört auch der Hang zur Metamorphose: es beliebt den Göttern, sich zu verwandeln; der Leib des heiligen Franz Xaver ist einem der endlosen, sich endlos wiederholenden einheimischen Märchen ins Netz gegangen und wagt sich auf den dem Abendland unbekannten Weg eines avatara, einer Wiedergeburt. Er hat sich verführen lassen, ist Inder geworden. Und warum auch nicht? Dieselben Inder, die Shiva lieben, die in den Tempeln rings um Goa Zimbeln und Schellentrommeln erklingen lassen, die Luft mit Düften erweichen und die Götter mit Blumen betören, die stillen Symbole aller Gewalten waschen und in den Schlaf singen, dieselben Inder lieben den Heiligen, der so viele Jahrhunderte lang unverwesbar geblieben ist. War denn dies reglose Fortdauern in der Zeit nicht ein ebenbürtiges Zeichen, vergleichbar mit den mächtigen Abdrücken der heiligen Füße, die in den Tempeln gehütet werden, oder mit den magischen Profilen, die man aus den porösen Falten des Gesteins herausliest? Mag sein, daß ich jetzt meinen eigenen Irrtum interpretiere. Das Heilige der abendländischen Gegenstände wurde aufgenommen in das Heilige des Wörterbuchs, in dem die mächtigen Gegenstände des Orients verzeichnet sind. Mit dem gewürzträchtigen Wind, dem Liebreiz der Palmen drang eine andere Idee des Heiligen in die winzige Festung der christlichen Kirchen ein. Viele Jahrhunderte, bevor die Portugiesen diese Gestade verließen, waren die Heiligen, die Reliquien, der Goldschmuck von der unermeßlichen Welt des labyrinthischen indischen Pantheons kooptiert worden. Die Portugiesen hatten nach dem Tod Franz Xavers die Inquisition eingeführt; es gibt Überreste des Platzes, auf dem die Verbrennungen stattfanden; die Christen waren grausam und hassenswert: und sie wurden gehaßt; aber hier ist der Haß langsam und geduldig: er läßt sich auch ablenken und kann vergessen. Die Inder zogen sich mit ihren Tempeln, die jetzt noch rings um Goa stehen, in die Peripherie zurück; aber das ist keine Belagerung: In Wirklichkeit haben die Götter den weichen

Strand, den von den brutalen und vergänglichen Erobe-rern gezeichneten Sand niemals verlassen. Ursprünglich wurden die Portugiesen, diese ungehobelten Götzendiener, nicht einmal als Eroberer betrachtet; Indien war kein Vaterland, es war eine Welt, die Welt. Es war die Grausamkeit der Portugiesen, vor der die Inder dann erschraken; aber als der Verfall, der zum Wesen dieser Orte gehört, sich über die schönen Kirchen Goas hermachte, wurden die fremden Götter aufgenommen und angesiedelt: sie waren mächtig. Am Strand hatten die Portugiesen eine große bedrohliche Statue von Albuquerque, dem Eroberer Goas, errichtet. Als die indischen Behörden vor einigen Jahren, so erzählt man, dieses Dokument einer verwaltungsmäßig fremden Vergangenheit entfernen wollten, mußten sie bei Nacht zu Werke gehen, damit es niemand sah; die Leute von Goa liebten die schöne, gewaltige Statue Albuquerques, sicher ein mächtiger Gott; den legendären und schon unwahrscheinlich gewordenen Portugiesen liebten sie nicht, sondern sie hatten eine große und würdige Statue in Indien aufgenommen: Albuquerque war Inder geworden. Nun steht er im Museum zusammen mit Sanskritinschriften und portugiesischen Münzen.

In der Hauptstadt Panaji gibt es ein Denkmal von kaum ausschöpfbarer Vieldeutigkeit: Im 18. Jahrhundert kam ein Schauer der Aufklärung über Goa, man las die Franzosen und José de Faria wurde geboren. Dieser machte einige eigentümliche Dinge: Er rief einen »liberalen« Verein ins Leben, zettelte ein Komplott an, mußte aus Goa fliehen, um nicht der Inquisition in die Hände zu fallen, er landete in Frankreich, und nachdem er der Abt de Faria geworden war, landete er im »Graf von Monte Christo«, wo er ewig weiterlebt. Nicht besonders indisch, oder? Ich weiß nicht, ob das emblematische, tragische und unabschließbare Geschick von Dumas' Gestalt besonders indisch ist; aber dieses Denkmal ist auf jeden

Fall sehr indisch. Dargestellt ist ein stehender Mann mit einem konzentrierten, stolzen Gesicht, und zu seinen Füßen liegt eine Frauengestalt; die Frau schläft: wie der Gedenkstein sagt, war José de Faria einer der ersten, der die Hypnose ausprobierte und studierte. Das Denkmal für den Rebellen zelebriert gleichzeitig dessen Hingabe an Traum und Schlaf, die weichen Kerkerwände der Seele. Der heilige Franz Xaver, Albuquerque, Faria und immer und überall Shivas Zimbeln. »Sicher bin ich katholisch, ich spreche ja portugiesisch«, sagt eine schöne Dame aus Goa liebevoll zu mir; und dann noch: »... ich bin Brahmanin, sicher heirate ich einmal einen Brahmanen.«

Leicht absurd wirkt das Bild eines dicken Mailänder Professors, der von Goa nach Trivandrum fliegt; eine Situation, die weder dem Wesen eines Professors noch eines Mailänders noch eines Dicken entspricht. Die Reisen haben einen Hang zu Schwindeleien und Illusionskünsten, daher kommt ihr Zauber und ihr Gift. Zum Reisen müssen wir unsere Verkleidung wechseln. Mit welcher Schminke, so frage ich mich, habe ich es geschafft, mich auf die Reise ins Kerala zu machen; ich entpuppe mich als mein eigener Verzauberer. Das Flugzeug fliegt so tief, daß man einen der eindrucksvollsten Strände der Welt sehen kann, wobei ich sagen muß, daß ich praktisch überhaupt keinen Strand kenne. Die Tropen: dicht gedrängte schmachtende Palmen, Wälder, Flüsse mit trüben, ausgeweiteten Mündungen. Hitzedunst schwappt zwischen dem Meer und den Baumflächen hin und her. Das muß Calicut sein, wo Vasco da Gama ankam, auf der Suche nach dem Presbyter Johannes, einem Kaiser, der sich irgendwo zwischen Äthiopien und Japan befinden mußte und ein Christ war. Eine Landzunge, das wird Cochin sein: von hier aus fuhr Vasco nach Goa. Und in dieser Gegend kam auch der allgegenwärtige Marco Polo vorbei und schrieb sich etwas auf über die Hölzer, die Perlen und die Götzendiener von Malabar. Das Flugzeug senkt sich, ich bekomme Ohrensausen und immer besser sehe ich das Dickicht der Wälder, weibliche Wasser, erhitzte, tief hängende Wolken: Das sind die echten, die tropischen Tropen, kein Vergleich mit Goa. Nun überfliegen wir ziemlich tief dicht beieinander stehende Bäume, und dazwischen sehe ich Häuser und, was ich mir nicht erwartet hätte, Kirchen. Ich dachte, ich hätte meinen Bedarf an Kirchen in Goa schon gedeckt, aber im Kerala wimmelt es von Kirchen: sie sind winzig, kaum mehr als Kapellen, aber alle haben ein Kreuz auf dem Dach. Wir sind mitten im Reich des Presbyters Johannes.

Als ich, von der niedrigen, weichen Wasserluft benommen, zur Stadtmitte unterwegs bin, sehe ich überall rote Fahnen und Hammer und Sichel: hin und wieder eine Kirche. Ich werde doch nicht in eine emilianische Kolonie geraten sein? Zum erstenmal sehe ich »Indira: Nazi« an den Mauern stehen. Wie klein die Welt ist. Langsam gehe ich die endlose Straße entlang, die das Herz Trivandrums ist, eine geschäftige, unruhige, bunte Straße voll Läden und, kaum zu glauben, Buchhandlungen. Noch einmal rote Fahnen.

Das Hotel, in das ich geraten bin, ist hochgradig unwahrscheinlich. Aus den komfortablen Hotels in Bombay und Goa werde ich in eine Herberge geschickt, vor der Kipling aufgeschluchzt hätte: vor lauter Glück, meine ich; aber ich bin nicht Kipling. Mehrere Dutzend Zimmer gehen auf eine lange Veranda; die Flügeltüren sind mit Vorhängeschlössern abzuschließen. Die Zimmer dahinter sind groß, die Betten in der Mitte, darüber riesige Ventilatoren; im Bad steht eine archaische, ausgemergelte Badewanne mit Studienziel Katafalk. Die Klimaanlage schaltet man vergeblich ein: aber auf den stillen, geschäftigen Ventilator ist Verlaß; ein Sklave. Ich habe mich noch nie so im Ausland gefühlt wie in diesem Zimmer: Die Gegenstände reden halblaut von Königin Viktoria und dem Radja von Travancore; ein bizarrer, in die Länge gewachsener Schrank ist der Ansicht, Gandhi sei ein Extremist. Hin und wieder tauchen feinfühlige, alte, verbeugungslustige Domestiken auf, die einem tunlichst ihre Arbeitszeiten mitteilen, damit es ja nicht vorkommt, daß man, sich im Inder irrend, das Trinkgeld einem anderen gibt.

Wenn man abendländisch essen will, muß man sich mit einem kartonierten Huhn zufrieden geben: aber die chinesische Kost ist gut. Und am Empfang ist ein junger Mann, der ein gutes Englisch spricht und Russisch lernt. Das Kerala ist eine unruhige Gegend.

Ich gehe die Straße entlang, die vom Hotel zum großen Tempel des Shri Padmanabha führt. Die Straße ist lang, aber ich glaube in Indien ziemlich einmalig. Da sind schon zwei Kirchen: eine römisch-katholische und eine syrisch-katholische. Im Kerala nämlich beginnt eine der dunkelsten und faszinierendsten Geschichten der christlichen Ursprünge. Vasco da Gama stieß hier auf Christen, aber nicht gerade römisch-katholische. Sie nannten sich Jünger des heiligen Thomas: und in diesem ganzen Teil Indiens ist der heilige Thomas sehr populär, legendärer, aber nicht weniger angesehen als der heilige Franz Xaver. Im ganzen Kerala mischen sich römische und syrische Kirchen, auch Moscheen fehlen nicht, und im Cochin sind sogar Synagogen. Juden sollen dort leben, schon seit undenklichen Zeiten. Die Eigenheit Indiens, seine hemmungslose religiöse Phantasie, färbt sich hier im Kerala mit etwas Unerhörtem. Dieses Anderssein ist archaisch und modern. Hier ist nicht mehr das Indien der Arier, die Sanskrit sprachen und die armseligen Siedlungen der Eingeborenen glorreich verwüsteten, hier sind die Eingeborenen selbst. Ihre Sprachen werden in herrlichen Alphabeten, geschmeidig wie Bajaderen, geschrieben: Ich bewundere an den Mauern, in den Zeitungen und in den Büchern wunderbare Schriften. Im ganzen Süden Indiens wohnen diese uralten Draviden, unruhige Geister, aufgeweckte, phantasievolle, neugierige, gebildete Leute. Der Süden soll kulturell ausschlaggebend sein für die indische Welt, und nicht erst seit heute: selbst die Religion wurde erneuert von der intensiven intellektuellen Phantasie der Welt der Eroberten. Tatsache ist, daß ich noch nie so viele Buchhandlungen gesehen habe, seit ich in Indien bin; und das Neue daran ist, daß auch politische Buchhandlungen darunter sind. Zu einer Plauderei verweile ich in der Kommunistischen Buchhandlung und in der der Kommunistisch-Marxistischen Partei. Die erstere scheint sehr orthodox zu sein und es genau zu nehmen:

keine Rinascita-Buchhandlung. Sie wirkt offiziell und ruhig. In der letzteren herrscht Groll und Frustration. Die erstere hat eine Fülle preiswerter Literatur, die erklärt, warum die Kommunistische Partei bei Ausnahmezuständen Indira Gandhi unterstützt; aber in der letzteren finde ich nichts, das erklären würde, warum die Marxistisch-Kommunistische Partei dagegen ist. »Das dürfen wir nicht veröffentlichen«, sagt mir ein bebrillter junger Mann. Aber beide Buchhandlungen sind geöffnet, in keiner von beiden sind viele Leute, es werden politische Gespräche geführt, in aller Ruhe.

Hier spüre ich zum erstenmal, wie saft- und kraftlos der Mythos Gandhi geworden ist. Für die Linken ist er offenbar ohne jegliches Interesse; dieser seiner Struktur nach archaische Inder, der noch an die alte, gefühlsmäßige Ideologie des Dorfes gebunden ist, stört sie. An seine Gewaltlosigkeit glauben sie nicht: »Gandhi«, so sagen sie mir, »war so gewaltlos wie ein Puritaner keusch ist.« Im Denken ungenau, in der Geschichte ahnungslos und zwanghaft moralistisch, ist Gandhi das Symbol eines Landes, an das sich viele Inder nicht gern erinnern, es sind die großen Illusionen der Unabhängigkeit; auf jeden Fall hat Gandhi verloren. Bleibt etwas von seinen Predigten? Frau Gandhis Partei im Kongreß verhätschelt, was noch übrig ist von jener Partei mutiger, schweigsamer neunzigjähriger Larven. Wenn aber jemand, der von dieser Tradition kommt, versucht, das Rebellische und Unruhestiftende dieser Bewegung wieder zum Leben zu erwecken und sich an die Elenden, mit dem Karma Unzufriedenen wendet, wie es Jayprakash Narayan, der faszinose und demagogische Sozialistenführer getan hat, dann kommt der Ausnahmezustand, und er muß in den Knast. Es heißt, man hätte sich den Ausnahmezustand zum großen Teil ausgedacht, um Narayan in Schach zu halten; und Tatsache ist, daß er wenige Tage vor einer großen Wahlversammlung ausgerufen wurde, die dieser in Neu Delhi abhalten wollte; und Narayan war ein unerbittlicher Ankläger der Indira Gandhi und ihrer Regierung, die er als »Sykophanten« bezeichnete. Aber die Linken lieben ihn nicht. Für die klassischen Kommunisten ist er ein »Faschist« und ein »Provokateur« und auf jeden Fall »verantwortungslos«; für die anderen ist er ein unzuverlässiges, extremistisches Produkt der Ideologie des Dorfes. Höchstens zweifelhafte Bauernaufstände ohne politische Wirksamkeit sind von ihm zu erwarten: keine Revolution. Aber Narayan ist und bleibt in Indien außergewöhnlich beliebt, die einzige mythologische und politische Alternative zu Indira Gandhis Politik. Ich habe den Eindruck, als falle Narayans Schwäche zusammen mit seiner kollektiven Faszinationskraft: Er ist spezifisch indisch, intensiv einheimisch und interpretiert oder repräsentiert die Volksmassen, die seit eh und je die Maschine der Regierung, die Superkaste des indischen Establishments, als Überbleibsel aus der Kolonialzeit empfinden: eine Maschine, die anderswo ausgedacht, dann nach Indien gebracht und dort Stück für Stück montiert wurde. Das ist das Aufbegehren jener Armen, die nie Englisch gesprochen haben. Und in Indien ist die Politik im wesentlichen immer noch Stoff für die englische Sprache. Es werden noch immer mehr Zeitungsexemplare in englischer Sprache gedruckt als in allen einheimischen Sprachen zusammen, obschon die Zahl der einheimischen Zeitungen rasch ansteigt. Ein indischer Schriftsteller, der in ganz Indien gelesen werden will, muß ins Englische übersetzt werden. Und doch bemerkt jeder, der durch Indien fährt, daß der Gebrauch des Englischen immer unterschiedlicher wird. Das perfekte Englisch der Intellektuellen und der Politiker und der Professoren herrscht über eine Nation, die nur Touristenenglisch plappert. Neben den Schriftstellern in englischer Sprache entsteht überall in Indien eine einheimische Literatur. Hier im Kerala rühmt man sich einer unterhaltsamen »engagierten« Literatur, im hiesigen Malayalam geschrieben, und es gibt zumindest einen Schriftsteller, der schon in viele Sprachen übersetzt ist: Pillari; nach dem, wie er mir beschrieben wird, bitter, realistisch und erfolgreich und von großem Prestige, muß er eine Art Moravia sein; und nach Moravia werde ich unter anderen gefragt und dann nach Fanfani. Man möchte wissen, ob er Premierminister ist, und ich erkläre und beteure nein, nein und noch einmal nein. Und zwischen erholsamen roten Fahnen gehe ich auf den noblen und vortrefflichen Tempel Shri Padmanabha zu.

An dem einen Ende der langen Straße, wo sich die winzigen, streitsüchtigen südländischen Häuschen von Trivandrum herandrängen, erhebt sich ein nobler Tempel, dem Vishnu unter dem Namen Padmanabha geweiht. Das Kerala ist vishnuitisch, das heißt der Vishnu-Kult überwiegt, während sonst im ganzen Süden der Shiva-Kult vorherrscht. Ich habe versucht, mir von gebildeten Indern die spezifischen Unterschiede zwischen den beiden Kulten erklären zu lassen, und habe den Schluß gezogen, daß besagte Inder keinerlei Ahnung davon haben. Sie fanden meine Frage »interessant« und redeten von etwas anderem. Einer sagte mir, die Vishnuiten seien ihren arischen Ursprüngen treuer, was eine sinnlose Behauptung sein dürfte. Ein Bändchen vom Anfang dieses Jahrhunderts, von W. J. Wilkins, einem äußerst schwerfälligen Methodisten, erblickt in den Vishnu-Anhängern die verborgenen Überbleibsel des aus Indien verschwundenen Buddhismus; Vivekananda, von dem ich in Kürze reden werde, betrachtet die Vishnuiten als die Erben des Philosophen Ramanuja, der aus dem Kerala stammt und eine dualistische Auslegung der Veden predigte: Gott schuf die Welt aus einer fremden Materie, und die Seele verliert sich nicht in Gott, sondern sie setzt sich neben ihn; die Shivaiten sind Monisten, die Welt ist aus Gott selbst entstanden. Dem Blick des Abendländers, der den Riten beiwohnt und die Tempel sieht, erscheint Vishnu als ein erzählender und pädagogischer Gott, und Shiva samt seiner Gemahlin Parvati als eine lyrische ekstatische Gottheit; vielleicht sind die heiligen Symbole, die sich die Gläubigen auf die Stirn malen, ein knapper Ausdruck für die Unterschiede zwischen den beiden Kulten: ein senkrechtes Zeichen malen die Vishnuiten, ein waagerechtes die Shivaiten. Mit Vishnu haben die zwei großen indischen Epen zu tun: das *Mahabharata* und das *Ramayana*, die Vishnus Wiedergeburten in Krishna und Rama feiern; und im *Mahabharata* steht die *Bhagavadgita*, ein Heldengedicht in Dialogform, in deren Sprüchen sich das ganze religiöse Indien wiedererkennt. Die Südinder haben eine Vorliebe für schöne, theologische und epenhaft heldische Unternehmungen, große und wunderbare Phantasien, und verwenden die Tempel, um sie zu erzählen. Ich stehe vor dem Tempel des Padmanabha, in dessen Hof Händler zu sehen sind, die Kissen, Statuen aus Muschelschalen und häßliche Ansichtskarten verkaufen. Der Tempel ist exklusiv, und ich, als Exote und dem Wesen nach Unreiner durch meine lasterhafte Vorliebe für gemischtes Siedfleisch, darf nicht hinein. Ich kann ihn von außen bewundern, und genau das werde ich jetzt tun. In Bombay hatte ich Tempel gesehen, die nach heruntergekommenen Rummelplätzen für Götter oder nach depressiven numinosen Slums aussahen; Girlanden aus buntem Papier, Blumen, mannigfach bemalte Giebel machten aus der heiligen Wohnstätte einen Ort derber ländlicher Feste; in Goa hatte ich Hoftempel gesehen mit einem anständigen Schilderhäuschen, off limits, für die Götter und die schönen Lichtertürme, neben denen in langen Reihen die Kerzen stehen. Es waren entweder Schaubuden oder ländlich grobe Häuser zu heiligem Gebrauch, je nachdem, die einen wie die anderen hatten den Anflug Baufälligkeit, der in Indien allem Gebauten anhaftet. Aber hier ist es anders. Dieser Tempel, heißt es, sei überaus typisch, also muß ich ihn mir aufmerksam ansehen. Sein Äußeres sagt mir, daß ich in einem Anderswo unter den vielen Anderswo bin, aus denen sich Indien zusammensetzt. Der Tempel, aus hartem Stein erbaut, hat eine niedrige Fassade, aus der einer unwahrscheinlichen Haarmähne gleich der Gopuram aufragt. Dies ist ein Bau aus mehreren Stockwerken, sieben in diesem Fall, der sich von einem breiten Stockwerk unmittelbar über der Fassade bis zum höchsten verjüngt. Aber es sind keine Stockwerke wie bei einem Gebäude: sondern eher Streifen, die aus Skulpturen bestehen. Sie erzählen »streifenweise« die Mythen von Vishnu, in denen es von Göttern, Göttinnen, Heroen, Tieren, Ungeheuern, Waffen, Bäumen, Schlachten wimmelt; es entsteht der Eindruck einer riesenhaften gemeißelten Haarmähne, so kompakt, daß zwischen den einzelnen Haaren weder Luft noch Ruhe Platz hat. Diese Bildhauer wissen gar nicht, was Luft, Raum, Raumaufteilung ist: Eine solche Dichte hat nur das Chaos, aber die Ordnung hier ist militärisch, zwanghaft. Die indische Welt präsentiert mir diesen unnachahmlichen und undurchdringlichen Bau, den ich mir schon im Museum von Bombay erwartete; eine plastische Feierlichkeit, die sich an der Wiederholung freut, auch die Skulptur ist Litanei und das Erzählen ein Stimmengedröhn, eine Vermehrung der Körper, die an einen Riesenmund im Trancezustand gemahnt, aus dem sich obsessive ektoplastische Streifen entrollen. Daß mich der Tempel aus seinem Innersten ausschließt, erscheint mir vernünftig und auf keinen Fall würde ich wagen, auf meinen Eintritt zu bestehen.

AUF DEM WEG NACH Cape Comorin begegne ich noch einem Tempel mit derselben Neigung: Man erzählt mir, in seinem Inneren stehe ein riesiger Stein, ein heiliger, mächtiger Gegenstand; und praktisch könnte ich den Tempel auch betreten: ich müßte mich nur meiner europäischen Kleidung entledigen, insbesondere meines Ledergürtels, Kalb vermutet man, und mir einen dhoti anlegen, jenes Stück Stoff, das sich die Inder um den Leib wickeln. Ich lehne es ab, mich zu entblößen, und verzichte auf den Riesenkiesel. Zum Bedauern des Führers. Auch dieser Tempel ist beim selben Friseur gewesen und sieht steif und abweisend aus.

An demselben Weg liegt zusammengeduckt die Residenz des letzten Maharaja des einstigen Travancore, welches dann zusammen mit dem Cochin das heutige Kerala ergab. Die Residenz besteht beinahe ganz aus wundervollem härtestem Holz, ist sparsam verziert, sieht nach homerischem König aus, hat eine noble Liegestatt für Vishnu und schlaue Emporen, von denen aus die Frauen der Residenz auf die Tänze hinunteräugten. Der Garten ist bescheiden, aber nicht verwildert. Die Residenz ist klein, aber trotzdem konnte sie mit orientalischen Greueltaten und Kuriositäten für neugierige Reisende aufwarten: Der große runde Stein auf dem Brunnen diente einst dazu, die Kräfte der Bewerber für die Leibwache des Maharaja zu messen. Ab und zu wurde einer enthauptet oder von dem Elefanten zermalmt, der das Amt des Scharfrichters versah. Jetzt sind von all dem nicht einmal die Gespenster geblieben. Der Name Travancore erinnert daran, daß dies ein privilegiertes Land war. Zur Zeit der englischen Herrschaft gehörte Travancore zu den Staaten, die eine innere Unabhängigkeit genossen und die erst durch Nehrus jakobinische Unabhängigkeit abgeschafft wurden. Noch mehr: Der ganze Süden, die Spitze Indiens, wurde nie unterworfen, weder von Ashoka – und somit nur begrenzt »indisiert« – noch von den Mogul-Fürsten; in dieser nicht arischen Gegend ist Indien so intensiv indisch wie kaum an einem anderen Ort.

WARUM NACH CAPE COMORIN? Freilich, das kindliche Prestige der Geographiebücher: der südlichste Punkt des indischen Festlands, dann die Wasserwüste, die bis zum Antarktischen Polarkreis reicht. Und die astronomische Kuriosität: Steht man auf dem Kap, dann sieht man die Sonne links von sich auf- und rechts untergehen; eine auf den Boden gezeichnete Uhr zeigt an – wie ich sehen werde –, um wieviel Uhr diese Sonne täglich auf- und untergeht. Ich habe gelesen, daß auch Anbeter des Gestirns nicht fehlen. Ein Kap hat außer seinem Ruhm auch eine gewisse geologische Würde, ist eine Phantasielaune der Natur. Ob es wohl richtig spitz ausläuft? Schließlich habe ich gelesen, daß vor Cape Comorin einige kleine Inseln liegen, und daß sich 1893 auf eine solche Insel Vivekananda zum Meditieren zurückgezogen hat, bevor er zu seiner Mission ins Abendland aufbrach: Und jetzt hat man ihm dort ein Heiligtum errichtet.

SCHÖN IST DER WEG NACH Cape Comorin, aber am Kap selbst herrscht, wieder einmal, Trubel; Ausflügler, Krämerstände, reihenweise weiß gekleidete Nonnen, fliegende Händler: Der Nabel der Welt gibt sich fröhlich. Das Meer ist ruhig, weit draußen tauchen die zwei Inseln auf; auf der größeren gemahnt ein häßlicher Bau – im Stil der Ära Pacelli – an die Meditationen Vivekanandas. Er selbst starb 1902 noch nicht vierzigjährig: aber von den Generationen der »Meister« ist er wohl als einziger noch populär. Er war ein Schüler des geheimnisvollen und faszinierenden Ramakrishna, wanderte durch Indien, geriet in Not und Elend, wurde Missionar im Abendland und gründete die Vedanta-Society, die heute noch in Kalifornien gedeiht und nüchterne, vernünftige Köpfe wie Isherwood oder den zurückgetretenen Satiriker Aldous Huxley zu überzeugen vermochte. Vivekananda genießt großes

Ansehen in Indien, und in den Augen der Welt gehört er zu denen, die dem Abendland das Geheimnis Indiens erklärten. Instinktiv mißtraue ich ihm. Trotzdem kann ich ihm eine gewisse Sympathie nicht versagen: Die Portraits zeigen uns einen dicken Mann mit einem irdischen Gesicht; aber hinter seiner Gestalt ahnt man die Zeichen jenes »Geistes«, der von der Theosophie bis zu den Veden, von Madame Blavatsky bis zu Gandhi reicht und der dann bei Krishnamurti, dem letzten der Propheten, enden sollte. Vielleicht ist dieser Gedankengang nicht ehrlich: aber das alles sieht mir nach einer kosmischen Entdramatisierung – einer Popularisierung der EWIGKEIT – aus, die mich weit mehr abstößt als das Lottospiel der neapolitanischen Träumerinnen. Ein Abendländer und (ehemaliger) Christ stimmt wohl einer Sache ohne Tragödie nicht zu, lebt nicht ohne Tod. Und trotzdem muß Vivekananda eine außergewöhnliche Persönlichkeit gewesen sein: ein großer Organisator, ein Demagoge des Vedanta, dazu ein Mann mit Humor. Nun hat er auf seiner Insel ein Obdach in einer Gedenkstätte, versehen mit einer polierten Zeichnung der heiligen Silbe OM, wo man still sein und sich die Schuhe ausziehen muß und womöglich meditieren soll. In Amerika passierte es ihm einmal, daß er den Unterschied zwischen dem Westen und Indien zu erklären hatte. Er sagte ungefähr folgendes: »Wenn hier in Amerika ein Gangster eine Bande zusammenkriegen will, muß er sich in erster Linie ein vernünftiges Ziel suchen: eine Bank, die ausgeraubt, einen Zug, der überfallen werden soll. In Indien würde er mit einem solchen Vorgehen überhaupt nichts auf die Beine bringen; kein Mensch würde ihm Gehör leihen. In Indien müßte er mit vagen Weissagungen, Predigten, Zitaten aus den Veden und aus der *Bhagavadgita* anfangen und zum Schluß müßte er irgend etwas Metaphysisches zusammenstellen, auf jeden Fall zusammengeschustert, besser noch: hochgradig unwahrscheinlich; eine Bande zusammenzubringen und zum weltlichen Verbrechertum überzugehen, wäre dann ein Kinderspiel.« Er sagte auch: »In Indien ißt, schläft, geht man nur mit Religion.« Es gibt für Indien nur eine Rettung mit Religion. Indien ist nicht das Abendland und kann es nie werden. In Bombay steht nahe beim TOR INDIENS eine Statue dieses dickleibigen und anständigen Propheten und auf dem Sockel ein Zitat: »Ihr Gottheiten dieser Erde! Sünder! Sünde ist es, den Menschen so zu nennen; eine Verleumdung des Menschengeschlechts. Erhebt euch, ihr Löwen, schüttelt ab die Täuschung. Keine Schafe seid ihr; sondern unsterbliche Seelen, ewige und heilige Geister; keine Materie, keine Körper; die Materie ist eure Dienerin, nicht ihr die Diener der Materie.«

Schön, oder? Entbehrt nicht der Feinheiten; aber wie soll ich sagen, ein bißchen zuviele Ausrufesätze.

Ich bin in Madurai, fünfhundert Kilometer südlich von Madras; und seit Bombay habe ich Madurai schon im Sinn. Angefangen an Madurai zu denken habe ich am Flughafen von Bombay, vor meinem Abflug nach Aurangabad, als mein Blick auf einen Pfeil fiel, der mit einem weichen Namen geschmückt war: Madras. Von Madurai hatten mir zwischen den ziselierten Felsen von Ellora einige magere, sonnenverbrannte Burschen erzählt: Sie kamen vom Süden und redeten von dem großen Tempel: »Fahren Sie nach Trivandrum oder vielleicht besser nach Madras, aber Sie müssen, müssen unbedingt nach Madurai.« In Goa erkundigte ich mich nach Madurai wie nach einem alten behäbigen Verwandten, nach einem, der immer am selben Fleck bleibt, den man in seiner Höhle aufstöbern muß, wenn man ihn treffen will: er geht nämlich nicht mehr auf Reisen, hockt verloren im Prunk seines Fetts und seiner Würde. Nein, von Goa aus kommt man nicht nach Madurai, versuchen Sie es von Trivandrum aus; und ich habe vom Kerala gekostet und dabei immer an Madurai gedacht. Aber auch von Trivandrum aus ist es am Ende der Monsunzeit nicht leicht, nach Madurai zu gelangen; besser man versucht es von Madras aus. Und jetzt bin ich da, in Madurai. Das ist eine heilige Stadt oder vielleicht eine göttliche, ein Ort, den das Numinose mit solcher Aggressivität besetzt, daß für anderes kein Platz zu sein scheint. Freilich ist es auch eine Stadt, nicht groß zwar, aber doch groß genug, um alle Beschwerden und Widerwärtigkeiten des Zusammenlebens in sich zu haben. Aber dieser menschlich ungesunde Ort versammelt sich um einen unermeßlichen Tempel, eine Tempelstadt, ein Labyrinth, ein Netz, eine Gesellschaft heiliger Orte, eine Wahlversammlung von Symbolen, einen Chor, der zersplittert ist in Gnaden, Unterstellungen, Verlockungen, Versöhnungen, in fromme Betrügereien, Betteleien und Diebereien von Mensch zu Mensch und von Mensch zu Gott, in Kantilenen, Zeremonielle, Spiele, archaische Feste; eine Kneipe, ein Ausschank, wo man Gott ausschenkt oder vielleicht Götter, unterschieden nach Jahrgang, Lage, Körper und Nachgeschmack; ein Schießstand für fromme Inbrunst, eine Bocciabahn zum Spielen mit den Götterkindern, mit dem Sohn Shivas unterhalb der Mauer; ein theologischer Lunapark, in dem sich der elefantengestaltige Gott Ganesha mit seinem gespaltenen Huf vergnügt, der, diesen Huf als Feder benutzend, das *Mahabharata* aufschrieb; Schwimmbecken zur Reinwaschung; heilige Bordelle, auf deren Säulen sich die andächtigen Mystiker des erleuchtenden Geschlechts paaren, indem sie nach dem Rosenkranz des Kamasutra wechselnd beieinander liegen; Korridore, in denen Familien auf dem blanken Boden schlafen, unter den lauten Gesängen, dem rhythmischen Sprechgesang, den Melopöen, welche die offiziellen Tempeldichter zu Ehren Shivas und seiner Gemahlin Parvati komponieren; astrologische Vertiefungen, wo die winzigen neun Statuen – die sieben Planeten, Sonne und Mond – in Reih und Glied stehen, um die herum die frommen Bittsteller neunmal den Weg des Körpers zurücklegen; Gewächshäuser mit plötzlichen Gerüchen und das träge Verweilen duftender Hölzer; tausend Säulen bilden nur einen Saal, ein Mandapa, eine Zufluchtsstätte, die sich des Nachts beim Schein der Fackeln verflüchtigt und zu einem Netz aus Schatten und Geistern vervielfältigt; hier werden Shiva und seine Gemahlin Parvati verehrt, aber diese kommt von weit her an diesen Ort, aus der Kultur des wilden Südens, bevor die Eroberer aus dem Norden anlangten: hier aber verehrte man Minakshi, die fischäugige Göttin; und diese löste sich dank der unendlichen Formbarkeit der indischen Götterwelt in dem wiederum wankelmütigen Körper Parvatis auf und ist nun die Mutter von Subrahmanyam, mit dem sie nie schwanger ging. Wie viele Menschen bevölkern Tag und Nacht den Tempel von Madurai? Vielleicht zehntausend, vielleicht zwanzigtausend. Ein unvollkommenes Viereck, jede Seite unterbrochen durch ein großes Portal, über dem die unzähligen Stockwerke aus dichtgedrängten polychromen Skulpturen schweben, die Göttermenge, versammelt und verschlungen, himmlische Parasiten, in der monströsen Mähne aus Stein, die sich über jedem Portal in die Höhe rankt, und im Inneren noch andere kleine Türme, die obsessiven Gopuram der heiligen Kunst des Südens; und immer wieder Zimmer, Durchgänge, Säle, Abstellkammern, Orte für die unruhigen Götter, und immer wieder der Lingam, das Phallus-Symbol Shivas, die Form der Gewaltsamkeit und der Fruchtbarkeit in einem, wie Shiva, der Zerstörer und Zeuger, der Schreckliche und der Milde, nicht anders als Parvati, die wie Kali »die Mutter« bleibt, diejenige, die sich nur dem offenbart, der um die Zerstörung seines eigenen Körpers zu wetten wagt, wie es Ramakrishna getan hat. Für die Unterhaltung der Götter ist gesorgt in den Mauern der Tempelstadt von Madurai: Da stehen die winzigen Metallstatuen von Shiva und Parvati, denen man es auf einer Schaukel bequem macht; und jeden Abend von sechs bis halb acht werden sie ruhig hin und her geschaukelt und darauf in einer kurzen Prozession in einen ihrer zahllosen Schlupfwinkel zurückbegleitet. Hier werden für die Götter Epen rezitiert, werden ihnen alte Märchen vorgelesen, werden den Immerwachen Schlaflieder gesungen, werden die Unsterblichen, die Zeuger und die Zerstörer, verwöhnt und verhätschelt; Kinder lernen die Gesänge, die sie als Erwachsene anstimmen werden, weil die Götter darauf warten; für die Götter pflückt man Blumen, verbrennt man duftende Essenzen; und der Gast geht mitten durch das Gekrächze der Pfauen in ihren Käfigen, der Heiligen und der Frommen. Zur Mitte der Mitten, wo die Gegenwart der Gottheit angebetet wird, hat der Fremde keinen Zutritt; aber wohin er sich auch wenden mag, zu jeder beliebigen Tageszeit umfängt ihn die schwere Atmosphäre der Heiligkeit, zugleich aber eine spielerische Luft, ein Rhythmus kindlichen Vergnügens, nicht Zerstreuung und Ergötzen, sondern etwas Schwereloses, Leichtes, von alters her Vertrautes. Da und dort hockt einer auf dem Boden und zeichnet mit Kreide kurzlebige Mandala, die geometrischen Symbole, deren Betrachtung der Meditation zugutekommt; und wie ich höre, werden in der ganzen Stadt bei Tagesanbruch Mandala gezeichnet, die einen Tag dauern sollen; hier enthüllt sich die indische Religion in ihrer ältesten, phantastischen und körperlichen Form: etwas, das ich in keinem von allen Büchern, die ich gelesen habe, finden konnte. Wenn man in dem unermeßlichen Tempel von Madurai herumstreift, spürt man etwas, das man »die asiatische Art und Weise, die Götter zu entdecken« nennen könnte: ein Verfahren, das von einem Hang zum Träumen gespeist wird, und das einerseits die unendliche Unbeständigkeit und den rastlosen Erfindungsreichtum der Träume hat und zugleich imstande ist, diese geträumte Materie im Stein festzuhalten und ihr ihre ganze unermeßliche labyrinthische Ausweitung, die Genealogie der Inkarnationen, eine nach der anderen und alle gleichzeitig, zu belassen. Wie in der prallen und schleiergleichen Welt der Träume wohnt hier nicht Wahr und Falsch, sondern eine Wucht der Phantasie, etwas Gewaltsames, etwas Höhnisches, etwas zum Lachen, etwas scheel Blickendes wie ein Tier aus dem Dickicht mit einem erfinderischen Fell und schlauen Gliedern; eine Religion, die ebenso sterblich und von weicher Vertrautheit ist wie die Eingeweide; die, wie ein Korridor versiegelter Träume in einem liebevollen Gemüt, Alpträume, Offenbarungen, Rätsel, sinnlose Worte, kaum begonnene und schon unbegreifliche festliche Reden, Prophezeiungen, die geheimnisvollen Freuden des Fliegens und des Abstürzens, des Selbstverlustes entweder im Tod oder in der Ekstase miteinander abwechselt und verknüpft. Die Bande zwischen dem Frommen und der Gottheit sind verwandtschaftlich und wie unter Komplizen: ein Spiel, das es im Schatten zu spielen gilt; aber das Feierliche, das Abweisende, das Unbeständige gibt es nicht. Der Gott, gleich was für einer, ist vollgestopft mit Frauen, Männern, Kindern: auch mit Tieren, Kühen, Ochsen, Pfauen, Schlangen und auch mit Bäumen und Steinen. Ich denke mir, sicher willkürlich, diese Götter als wundertätige, aber absolut alltägliche Orte, da es in Indien keinen Ort gibt, der nicht vom Heiligen infiziert wäre; und der Tempel ist eine »nursery« von Wundern, Zeichen, Spielen – hier eine Schaukel, dort ein aufmerksames Gekritzel mit Kreide, ein Mann wiegt seinen seitlich geneigten Kopf und hält sich mit der rechten Hand sein linkes Ohr und mit der linken sein rechtes. Es gibt auch Händler, aber es sind nicht die Verkäufer und Käufer im Tempel, denn die Götter sind nicht unzugänglich: sie verkaufen Bilder, kleine Statuen, recht und schlecht zusammengestümpert aus heiligem Holz – die das Bauchweh der Kinder kurieren. Vielleicht kommt jetzt einigen Lesern das dumme europäische Wort »Aberglaube« in den Sinn; es gibt kein Wort, das zur Beschreibung der religiösen Lebenszustände in Indien nutzloser wäre; nichts verkrustet sich hier oder legt sich über etwas anderes; das Verzeichnis der Riten, der Erfindungen, der Mythen, der Märchen, der Formeln, der Kantilenen liegt im Herzen, in der Leibesmitte des religiösen Menschen. Dieser beruft sich weder auf eine Theologie noch auf ein bindendes Ritual, wenn er wollte, hätte er gleichzeitig Zutritt zu mehreren Theologien. Der religiöse Inder kennt seine Religiosität in dem Maße, wie er sich selbst kennt; er, der Inder, ist selbst sein Aberglaube: und er weiß, er ist vergänglich, er kann unaufhörlich geboren werden und unaufhörlich sterben. Es ist nicht die Wirklichkeit, die eine doppelte übermenschliche Phantasie erfindet. Der Fromme und die Gottheit sind miteinander verwandt in der Phantasie, sie haben teil an der unendlichen Fruchtbarkeit der Bilder, an deren

Ewigkeit und deren Dauerlosigkeit. Götter und Menschen spielen miteinander ein Spiel, das sie einander verwandt macht und einander offenbart. Eine Religion, wie sie sich hier vor meinen Blicken bewegt – in der Art eines Dokumentarfilms, der uns durch die Beschleunigung die Wachstumsbewegungen der Blumen zeigt –, läßt sich nicht predigen, sie will auch nicht überzeugen; und obschon sie vollständig offen ist, bleibt sie vollkommen unbetretbar. Wenn sie aus geistigen Entscheidungen bestehen würde, könnte mein Geist Zutritt haben; aber wenn das zu meinem Unglück geschähe, dann wäre dieser Geist nicht mehr meiner und wäre allein. Wie lange ist es her, daß wir die Kunst verlernt haben, unsere Träume in Stein festzuhalten? Unsere laizistischen Eingeweide haben nur noch die ärmliche Freiheit und Verrücktheit der psychosomatischen Krankheiten zur Verfügung. Und deshalb raste ich, als ich aus dem Tempel komme, neben dem winzigen Heiligtum und dem unermeßlichen Schwimmbecken, das der Mariyamman, einer Inkarnation der Parvati, heilig ist, denn unter ihrer Obhut steht die Gesundheit: Auf dem ländlich einfachen Vorplatz werden Kuchen gebacken, winzige Fackeln entzündet, spielen Kinder; ein Mädchen opfert seine Haarpracht der Schere und weiht sie der sanften armen Göttin. Wenn sie es wissen wollte, könnte die wundertätige Weibsgestalt in ihr Lied die Feststellung einflicken, daß wir, die erleuchteten Erfinder des »Aberglaubens«, rettungslos verloren sind.

Ich bin in Madras, und es geht mir schlecht; o nein, mein Körper hat nichts damit zu tun; von leidlicher Tüchtigkeit, erfüllt er seine Pflichten mit eintönigem Fleiß; die Beine vielleicht sind ein wenig erschlafft, aber das will nicht viel heißen. So widerlich mir auch die Vermutung sein mag, es ist das Innenfutter, die Seele, welche leidet. Meine Sachkenntnis im Bereich Ängste hat mit etwas unerhört Neuem zu tun: Ich habe das Gefühl, die Zeit verwandelt sich in eine Mauer und ich muß, wenn ich älter werden will, in dieser Mauer weitergehen.

Etwas hat mich festgenagelt hier in Madras wie an keinem anderen indischen Ort, etwas, das ich nicht sehe, nicht verstehe, aber von dem ich weiß, daß es von einer katastrophalen Mischung aus Orient und Okzident kommt. Madras ist eine angenehme Stadt, sehr weit ausgedehnt, aber im Vergleich zu anderen indischen Städten weniger übervölkert; große Parks liegen zwischen ruhigen Vierteln. Es hat eine liebenswerte Strandpromenade. Es ist sogar eine Stadt, in der man sich entspannt. Warum haben mein Okzident und mein Orient ausgerechnet in Madras sich gegenseitig unerträglich gefunden? Aber das stimmt ja gar nicht genau: Der Orient widersetzt sich nicht, beleidigt nicht, fordert nicht heraus; er ist da und ist unerträglich. Aber was ist dies schreckliche und milde Dasein, diese sperrangelweit offenstehende Tür eines Hauses, das man weder betreten noch bewohnen kann? Dies Willkommen im Nichts, im Dschungel, in der Erde, im verderblichen und unsterblichen Fleisch? Madras ist eine weiche Stadt, aber gespickt mit seltsamen Zeichen. Hier ist der schöne, feine Sitz der Theosophischen Gesellschaft, die in Indien ein dramatisches Durcheinander aus Orient und Okzident bedeutete, in dem beide gleichermaßen verarmten und jeder auf seine Weise scheiterte. Hier lebte die kuriose Annie Besant, die Schülerin von Madame Blavatsky, der Großen Mutter der europäischen Esoterik: die Besant war eine knallharte Positivistin und »wußte« augenblicklich, daß sie schon zahllose Male Inderin gewesen war, und sie machte sich zur Inderin und brachte es zu so großem Ansehen, daß sie zur höchsten Exponentin des damals noch unausgegorenen Indischen Kongresses wurde; nun hat sie ihre Statue auf der Strandpromenade; ebenfalls eine Statue hat dort ein katholischer Priester, der sich hinter einem einheimischen Namen verbirgt. Und hierher nach Madras zog sich Vivekananda auf seiner Reise durch Indien zum Meditieren zurück, bevor er sich nach Cape Comorin begab; hier ist der mysteriöse heilige Thomas begraben, der Südindien zum Christentum bekehrte; immer noch kennt man seine Höhle: die Beschreibung, die uns Bartoli davon liefert, stimmt genau und ist sogar pedantisch. Der heilige Thomas, so hatte Marco Polo geschrieben, ist in einer Gegend begraben, die für ihre Pfauen berühmt ist: Das Viertel von Madras, wo seine Kirche einen Leichnam beherbergt, der seinen Namen trägt, heißt »Haus der Pfauen«. Madras liegt nicht weit entfernt von Mahabalipuram: ein Ort, der auf einen Abendländer einen bizarren Zauber ausübt; denn er bekommt den Eindruck, der Geburt eines Tempels als eines organischen, körperhaften Wesens, nicht eines Gebäudes, in allen ihren Phasen beizuwohnen: von den Reliefs in dem Felsen bis zu den ausgehöhlten Felsen, die einen Pronaos vortäuschen, zu Tempelchen, welche die Wagen der Götter nachahmen und, ohne Innereien, wie heilige Gebäude in Miniaturformat aussehen, bis zu dem einzigen Tempel, dessen Überreste in der Nähe des großen Meers verweilen. Der ganze Landstrich treibt Tempel, Reliquien, Visionen, Bekehrungen, Wiedergeburten hervor: aber alles ohne Raserei, ein pflanzenhaftes Sprießen und Wachsen, endlos ruhig. Meine westliche Aggressivität ist nach innen gefallen, ich habe eine Implosion erlebt und in meinem Inneren brennt etwas, eine Ruine, ein Leichnam, eine Leere. Ich weiß die Zahlenkombination nicht mehr, um wieder aus mir herauszukommen. Hat mich jemand mit einem Schlüssel zugesperrt? Hat jemand die Zeit mit einem Schlüssel zugesperrt? Will mir jemand einreden, daß alles, in dem ich wohne, Fleisch und Luft und Hotel, nichts anderes ist als der Entwurf meines Sarkophags? Vor der Panik kann man davonlaufen: Aber wenn man selbst zu seiner eigenen Panik geworden ist? Kann man sich einen Körper ausziehen, der plötzlich um viele Nummern zu eng geworden ist? Kann ich spazierengehen und mich selbst im Hotel auf mich warten lassen? In Wahrheit hat alles in Pondicherry angefangen – in dem alten Ponychéry mit seinen französischen Inschriften und dem Verkehrsschutzmann mit »kepì«. Eine tote Stadt? In Indien sind alle Städte in vernünftigem Maß tot und lebendig; und wenn sich in dem – einst französischen – Pondicherry der Geruch nach Verwestem stärker breitmacht, so wird man das mit einer Extra-Ration Seele ausgleichen. Hier ist die Herberge, der Ashram, Aurobindo, und in der Nähe der Stadt baut man, so heißt es, Auroville. Ich begebe mich zum Ashram; man empfängt mich mit übertriebener Milde, gibt mir ein unermeßliches, leeres Zimmer; ein schmales Bett, ein Ventilator Pantokrator, eine Latrine für zwanzig, aber mit einem winzigen Waschbecken und einem verstohlenen Löchlein für die Stuhlentleerung. Selbstverständlich dient der übrige Raum dieser ausgestorbenen Kaserne dazu, die Seele zu beherbergen. Genau da packt mich eine Art Widerwillen, der schon den Samen der Panik enthält. Ich habe keine Angst vor dem indischen Tempel, der sich in mir breitmacht und mich allein läßt, ich fürchte mich nicht vor dem pflanzenhaften Wachstum dieses heiligen Ortes und selbst, wenn meine Innereien Sanskrit-Litaneien anstimmen würden – was sie aber nicht tun werden –, ich würde nicht erschrecken: Aber dieser aseptische Geschmack nach Vollkommenheit, das breite wohlwollende und verzeihende Lächeln, mit dem ich empfangen, und schließlich der ausgestorbene Tempel, in dem ich untergebracht werde, das jagt mir alles Schrecken ein. »Ausgestorbener Tempel« habe ich gesagt: Ich werde doch nicht in eine Verschwörung geraten sein, wo jeder Verschwörer in einen Gott verwandelt werden soll? Wie weit bin ich dann noch entfernt von der Levitation, von der Erleuchtung, vom Wohlwollen, von der dulcedo? Meine atavische Vorliebe für die Nacht, die abendländische, lahme, aber unabdingbare Flucht durch die Finsternis, in die Finsternis, das alles erscheint mir aufs neue hinreißend. Ich bitte, mein Körper bittet um ein Mißverständnis, einen Schrecken, einen Fehler, Hände weg von meiner Seele, ihr rettenden Seelen! Ich kenne dein Glück, deine Süße: unsere Begegnung ist ein Zusammentreffen von Fälschern, aber es ist der Fall, daß wir uns von Grund auf kennen. Du, lasterhafter und heiliger Alter, hältst mir eine offizielle Wegkarte hin, um aus dem Kerker hinauszukommen: beinahe als würdest du das Gerassel der Ketten und das Knarren der Galgen nicht hören. Vade retro, anima! Ich fliehe nicht, ich breche aus. Und schon stürze ich Hals über Kopf wieder durch die engen Gassen einer pseudo-französischen Stadt zu einem Omnibus, der von Bettlern belagert wird. Mit der Zärtlichkeit eines Komplizen schaue ich sie alle an, die Menschen mit den tiefen Wunden – die Kranken, die Listigen, die Verlassenen, die Schlauen. Wir werden doch niemals vollkommen werden, oder? Wir werden niemanden erleuchten. Uns zu retten , wird nicht gestattet sein. Zehntausend Glühbirnen von echten Blitzen getroffen, sollen unsere Nacht erhellen. Die Erinnerung an den Blitz, von dem wir gerührt wurden, reicht aus, um ein Schattengespenst zu erzeugen. Weg, nach Madras. Aber etwas bleibt mir auf den Fersen. Das Zimmer von Pondicherry. Es ist eine verlassene Braut, die schwanger ist. Es krallt sich an mir fest, und um es zu prügeln, muß ich mich selbst prügeln. Einen unaufhörlichen Augenblick lang fühle ich mich von Indien gefangen – aber was ist denn Indien? Wenn es ein Anderswo ist, erschöpft es mich, aber ich fürchte es nicht; was ich fürchte, ist seine illusionistische und metaphysische Fähigkeit, mir vorzutäuschen, das Anderswo sei nicht nur in greifbarer Nähe, sondern sogar in mir selbst. Der Alte von Pondicherry lächelt immer noch, und um mich herum und auf meiner Haut verformen sich Raum und Zeit – das ist keine Metapher – und ich gleite und mache aus meinem abendländischen Körper ein Fensterbrett, an das ich mich hänge. Ich wage nicht unter meine Füße zu schauen, bin auch nicht sicher, ob ich sie noch habe.

DURCH WELCHE UNTERIRDISCHEN Gänge, dank welcher falschen Papiere, das weiß ich nicht mehr, Türen öffnend zwischen unbeständigen Räumen, kam ich nach Kalkutta. Ich weiß, daß ich die Verbindung zu dem mönchischen Spion in Pondicherry nicht verloren habe, aber er ist fern, hinter mir. Und Kalkutta ruft mich mit lauter Stimme: eine heisere Stimme aus siechem Fleisch, die Feier einer Epidemie; das Getöse der Anbeter der Göttin Kali – der Mutter –, ein gebrechlicher und junger Ort, ein neugeborener Kadaver. Ich will nicht wissen, ob jenes Zeichen auf den Lippen Lachen oder Lepra ist. Ich bin in der mißgestalteten Stadt und ihren schrecklichen und zornlosen Willkommensgruß, den nehme ich an. Ich bin in der Stadtmitte von Kalkutta, einem abstrakten, geistigen, paradoxen Zentrum. Es ist ein leerer, aber nicht ausgestorbener Raum, mehrere Kilometer lang, der die Ansiedlung vom Lauf des Flusses Hooghly trennt. In diesem Raum gehe ich umher und mache eine Bestandsaufnahme der Dinge, der Wesen, die sich hier in tendenzieller, wenn auch verstohlener Lebendigkeit drängen. Ich fühle mich als angehender Leichenträger. Auf dieser kilometerlangen Strecke finde ich alles: Krämerbuden, wo es Essen zu kaufen gibt, Hunde, Pfützen, Jauche, eine anonyme, alles umschlingende Vegetation, Exkremente; wenn je die

Gottheit der Cholera sich eine Stätte für ihren immer offenstehenden Tempel ausgewählt hat, dann muß er ungefähr so sein. Man kann in diesem leeren Ort umhergehen, bis man den Lärm der Stadt nur noch aus der Ferne vernimmt. Kalkutta lagert sich rings um eine Leere. Wenn man die Bestandsaufnahme in diesem Nichts weiterführt, findet man ein großes und für sich stehendes Minarett, ein Kriegerdenkmal, eine Rennbahn, ein Lager von Flüchtlingen aus dem Bangladesh, und überall etwas Minimales, Anonymes, Leben oder Tod, Kalkuttas schrecklichen Charme. Wer Kalkutta nicht gesehen hat, hat nicht Indien, sondern die Welt nicht gesehen. Es ist eine unmögliche Stadt, eine Stadt, die es nicht gibt, eine Allegorie, ein Labyrinth, ein Alptraum, eine Offenbarung. Diese Stadt, und vielleicht sie allein, ist schon bereit für das Jüngste Gericht; vielleicht sind wir in Kalkutta, ohne es zu ahnen, schon hinter den Kulissen, in der Garderobe des Weltuntergangs. Alle, auch die Reiseführer, berichten von dem unerhörten Elend in Kalkutta; aber Elend ist immer noch ein quantitativer Begriff: Wiederum bin ich fassungslos und geblendet, da ich entdecke, daß in der indischen Welt Elend, Leiden, Krankheit, Mißgestalt, Tod mit unseren Wörtern nur semantisch zusammenfallen. Freilich sieht man in Kalkutta menschliche Wesen mit Wahlrecht, sie besitzen einen Lumpen – Kleid, Decke oder Schweißtuch – und haben eine Schüssel für die Almosen, zum Essen und als Kopfkissen. Jede Nacht schlafen sie auf den Bürgersteigen. Sie sterben an Regen, Hunger, Wind, Kälte. Sie sterben schnell, ohne den Verkehr zu behindern. Sie sind ans Sterben gewöhnt. Und trotzdem ist Kalkutta alles andere als eine Totenstadt. Es wird belebt von einer zweideutigen Vitalität, die Verfall und Geburt einschließt. Wer in diesen Stadtvierteln herumstreicht, sieht nacheinander Reihen von Häusern, die von der tropischen Auszehrung angekränkelt sind, Mauern, die einem Hang zum Pflanzlichen nachgeben; die ganze

Stadt scheint bis in die letzten Ecken mit ihrer Wiedergeburt als Dschungel beschäftigt zu sein. Und diese Hütten, werden sie gebaut oder gesät? Diese Stadt mit ihren baufälligen Gebäuden, ihren Elenden, ihren Toten, ihren Mißgeburten ist bizarrerweise fröhlich: kein Galgenhumor, würde ich sagen, sondern eine kindliche Fröhlichkeit; und die trägt die Wundmale der qualvollen Vergangenheiten, aus deren Gewirr sie sich befreit hat. Ich weiß nicht, ob es möglich ist, Kalkutta zu kennen; diese Stadt, die so verschlungen ist wie ein Strang aus Adern, Gewächsen, Schmarotzern und Blumen, kann man vielleicht nur in winzigen Sektoren, viel kleineren als es ein Stadtviertel ist, kennenlernen. Eine Häusergruppe, ein Tempel, die alten, verlassenen, hinreißenden Friedhöfe der Franzosen und der Engländer aus dem 18. und 19. Jahrhundert. Wie verzweifelt dort die Grabsteine versuchen, den Schatten eines Toten festzuhalten in dieser irdischen Stadt, die auch zur Unterwelt gehört, und wo nichts je einen Namen gehabt hat. Diese Grabsteine erzählen vom europäischen Irrsinn gegenüber der »asiatischen Sterbeweise«: ein Aufruf, in dem lauthals das »weiße« Anrecht auf eine spezifische Agonie, einen unsterblichen und monumentalen Tod gefordert wird. Die unendliche Ironie des Grases verhüllt die Gräber als extravagantes Dokument eines exotischen Irrsinns: Die katastrophale Fröhlichkeit Kalkuttas nährt sich von solchen Toden wie von kandierten Marmorfrüchten. Die Mißgeburten: überall in Indien sieht man Mißgeburten, aber in Kalkutta muß man sich mit ihrem Dasein auseinandersetzen und es zum Thema der Überlegungen über diese Daseinsform machen. Wir Europäer, so habe ich gehört, sind freizügig: Alkohol, Drogen, Genitalien. Und wie halten wir es mit den »Mißgeburten«? Haben wir die Häuser geöffnet, wo wir sie versteckt halten? Die Mißgestalteten, die aufgeschlitzten Gliedmaßen, die zerfetzten Lippen, die Arme, die sich am Ellbogen spalten, die Beine, die zu einem riesigen Elefantenfuß zusammengerollt sind, und das Monstrum, das ich in Madras sah, normal bis zur Taille und dann nur noch eine Sphinkterblume mit fadenförmigen Beinchen ringsherum? Man hat mir erzählt, daß man eine dieser Mißgeburten in einem Tempel gemalt hat, um ihre Anmut überzeugender zu machen. In Indien ist die Mißgeburt »zu Hause«. In diesem Land, das kein Grauen kennt, kann der Grauen erweckende Mensch heraustreten aus unserem geistigen Ghetto, aus unseren Alpträumen, und sich vor unsere Füße schleppen. Abends nach dem Essen ging ich unter den Mißgeburten spazieren: Spinnen aus Fleisch, tote Beine, pflanzenhafte, verschlungene Arme, höhlenförmige Münder in einem Knorpelkopf, Okarinen für Gestöhn und Todeskampf. Welcher Friede, welche Ehrlichkeit in diesem Verkehr mit dem Monströsen. Nichts in unserer Welt ist monströser als die Ablehnung des Monströsen. Schließt die Mißgeburten ein in ihr Ghetto, wir dürfen sie nicht sehen, es gibt sie gar nicht, sie sind unmöglich. Das gesamte Universum ist unmöglich, und das weiß man hier in Indien. Der Name Kalkutta kommt von der Macht der Göttin Kali, die hier ihren großen Tempel hat, dieses heilige Bild ist in einem die Töterin und die Helferin der Elenden: es ist die MUTTER, eine Gottheit, die das Blut und das Mitleid, die Grausamkeit und die Sanftmut bewohnt; sie wird nicht verehrt, weil sie schrecklich ist, sondern weil sie in ihrer Mischung aus Schrecklichkeit und Liebe wie sonst keine der Anbetung würdig ist. Sie haust in der Mitte der Welt, wo es nichtig ist, das Leben vom Tod, die Tötung von der Erschaffung zu unterscheiden. Ihr Tempel ist voll Aussätziger, beschmiert mit dem Blut der enthaupteten Zicklein: die Gestalt, die man eher ahnt als sieht, das runde, riesige Antlitz der Göttin ist einer der Orte im indischen Traum, wo die Gegensätze am heftigsten sind, aber auf jeden Fall ist sie hier, ist nahe, ist enthüllt und berührbar. Sie ist die MUTTER: Kraft einer jener geheimen lustigen Allegorien, die in die indische Kantilene verwebt sind, begann in einem Raum, der zum Tempel der Göttin Kali gehört, vor fünfundzwanzig Jahren Mutter Theresa die Destitute Dying, die alleingelassenen Sterbenden, von den Straßen Kalkuttas aufzunehmen. Während der Zeit meines Aufenthalts in Kalkutta wird in der ganzen Stadt der fünfundzwanzigste Jahrestag des unglaublichen Werks von Mutter Theresa gefeiert. Die kleine strenge Bäuerin aus Albanien, vormals Ursuline, mit einem Schlag zur Helferin der Massen von Kranken und namenlosen Niedrigsten geworden, ist mit nichts auf der Welt vergleichbar. Diese winzige, ruhige und schlaue Klosterfrau hat Krankenhäuser geschaffen und eine ganze Stadt für ehemalige Leprakranke und Heime für Wahnsinnige – was mag wohl der Wahnsinn in dieser Stadt sein? –, hat ausgesetzte Kinder gerettet, hat eine feindliche und mißtrauische Umwelt herausgefordert und erobert. Und nun huldigen ihr alle religiösen Bekenntnisse ohne Unterschied: Jedes organisiert eine Zeremonie zum Dank, um das Karma zu ehren, das in ihr die Liebe zu dem geheimen Gott und zu allen gezeigt hat, um die indirekten und verborgenen Wege des Schicksals zu ehren. Es kann sein, daß diese Klosterfrau in gewisser Weise unbegreiflich ist: und es kann auch sein, daß sie in diese vollständig indische und dem Karma verhaftete Stadt den »Nächsten« eingeführt oder eingeschmuggelt hat. Vielleicht das eine und das andere: vor allem aber ist es eine Hommage an den unausgeschöpften und unerschöpflichen Willen der Welt, sich durch Wunder und wunderähnliche Dinge zu erklären und zu verbergen: Mutter Theresa ist eins der »Unmöglich« des Universums, und Brahmanen, Moslems, Sikhs und Parsen schütteln für sie das Erbarmen ihrer Zimbeln, beten Litaneien herunter, schlagen Trommeln und winden Blumenkränze: Und Mutter Theresa dankt, spricht von Gott und nimmt die Blumenkränze in Empfang. Auch die sommersprossigen feierlichen Anglikaner singen für sie; und auch die

Katholiken feiern sie, wenn auch auf die ihnen eigene ein wenig plumpe Weise. Dieses Labyrinth der Frömmigkeit, das sich um die winzige, im Heiligen gewaltige Nonne entwickelt, ist ein unvergeßliches Erlebnis, eins der vielen »Unmöglich« dieses unmöglichen Landes.

Ich bin in Delhi, in der bizarren Hauptstadt ohne Bettler, ohne Kühe, ohne Aussätzige; eine ordentliche Stadt mit vielen Sprüchen zum Notstand vom Typ »arbeitet mehr, redet weniger«. Ich denke an das Heer von Indern, die keinerlei Arbeit haben, an den jungen Akademiker, dem ich einen Brief ins Italienische übersetzen mußte, denn er suchte Arbeit in jedem beliebigen Teil der Welt. Hier ist das Klima mild, am Morgen und am Abend kommt eine sanfte freundliche Brise auf. Aber es ist nicht Indien. Delhi ist uralt, es hat türkische Reliquien und afghanische Reliquien, trutzig und wuchtig beide. Am Stadtrand steht eines der faszinierendsten Denkmäler dieses Landes: ein himmelhohes Minarett mitten unter den Überresten alter indischer Tempel. Stolz und verzweifelt erzählt dieses Minarett von der islamischen Einsamkeit, von dem Mißverhältnis zwischen dem Menschen und dem, von dem er sich seinen Sinn erbettelt; in Indien leben die Götter unter der Menschenmenge, sie wiegen ihre Häupter an Straßenecken, sind Krieger und bitten um Almosen. Dieses Minarett, das sich zum Mond hochreckt, gibt mir die Trostlosigkeit und das nächtliche Glück des Semiten wieder, das in unserem schwarzen verdorbenen Blut wohnt.

»Liebst du Indien?« fragt mich ein Italiener, ein Mensch, der zum Freund geboren und sanft ist von asiatischer Sanftmut. Aber ich kann nicht antworten. In Indien habe ich eine Angst kennengelernt, die in unmittelbarer Nähe des Todes ist; ich habe die mühelose und unmögliche Versuchung kennengelernt; ich habe weit offene Augen ohne Pupillen, die Götter auf einer Schaukel gesehen, ich habe Mißgeburten und Aussätzige gesehen, das Depot der Seelen gestreift. Alles schwankt zwischen Wahnsinn und Offenbarung. Alles ist leicht und unantastbar. Ich bin unzählige Male einer Spur Shivas, des vielfältigen Gottes, des Schöpfers und des Zerstörers, begegnet, der seit Jahrtausenden in sein magisches Rad eingeschlossen tanzt. »Ich bin arm« heißt es in einem uralten Gedicht für Shiva, »meine Beine sind seine Säulen, mein Haupt ist eine goldene Kuppel. Die fest stehenden und unbewegten Dinge stürzen ein, was rastlos ist, bleibt unversehrt.«

Vielleicht ist es an der Zeit, sich mit Indien zu befassen.

Foto: Isolde Ohlbaum

GIORGIO MANGANELLI
geboren 1922 in Mailand, übersiedelte 1953 nach Rom, wo er 1990 starb.
Mitbegründer der »Gruppe 63«, einflußreicher Kritiker und notorischer »freier Schriftsteller«.

GIORGIO MANGANELLI

»Der begabteste, einflußreichste und verhaßteste Schriftsteller Italiens.«

DIE ZEIT

Manganelli furioso
Handbuch für unnütze Leidenschaften
Über den Irrwitz des Alltags, literarische Begeisterungen und die Leidenschaften des Ortswechsels.
Aus dem Italienischen von Marianne Schneider
Broschur. 160 Seiten

Omegabet
Manual für das vergebliche oder zielstrebige, das saumselige oder eilige Reisen im Labyrinth.
Aus dem Italienischen von Toni Kienlechner
Quartheft 40/41. 132 Seiten

An künftige Götter Sechs Geschichten
Eine leidenschaftliche Absage an alle falschen Mächte und eine lächerlich-spielerische Umkehrung der Welt – über unmögliche Liebe, Könige und »wahre Lebende«.
Aus dem Italienischen von Iris Schnebel-Kaschnitz
Quartheft 123. 160 Seiten

Aus der Hölle
Erzählt wird die unerhörte Traumgeschichte vom Höllenreich der Literatur: dem Reich der moralischen Mehrdeutigkeit, des besessenen Voyeurismus und der zweifelhaften Heiterkeit.
Aus dem Italienischen von Iris Schnebel-Kaschnitz
Quartheft 151. 144 Seiten.

Geräusche oder Stimmen
Eine spielerische Inszenierung und ein gewaltiger polyphoner Lärm über das Geschick der Welt.
»Dieses Buch ist die Auferstehung der Sprachgewalt über die Platitüde des alltäglichen Plapperns.« Christina Weiss, sz
Aus dem Italienischen von Iris Schnebel-Kaschnitz
Quartheft 166. 144 Seiten

A und B Dialoge und unmögliche Interviews

Närrische Unterhaltungen mit Gespenstern und unmögliche Interviews mit historischen Personen: Ein anspielungsreiches und unterhaltsames Lesevergnügen! »Kein Wort sollte man ihm glauben; aber Wort für Wort sich daran ergötzen: in der Hexenküche dieses Meisters der Spitzfündigkeit.« Wolfram Schütte, FR

Aus dem Italienischen von Marianne Schneider, Alice Vollenweider und Barbara Villiger Heilig

Quartheft 178. 144 Seiten

Irrläufe Hundert Romane in Pillenform

Es werden hundert höchst unterhaltsame Romane erzählt, in Pillenform – mit Mord und Totschlag, Lug und Trug, wie es sich für Romane gehört – und gleichzeitig in einer Art künstlerischem Zirkus hunderterlei Erzähl- und Darstellungsweisen vorgeführt, selbstverständlich auch mit sehr unterschiedlichem Personal.
»Drogen, die den Leser rasch in diesen typischen Rauschwirbel aus Hypothesen versetzen, der alle Texte Manganellis umgibt.« Christina Weiss, SZ

Aus dem Italienischen von Iris Schnebel-Kaschnitz

SALTO. 144 Seiten mit Zeichnungen von Tullio Pericoli

Der endgültige Sumpf

Dieser hinterlassene Roman handelt von unseren Heilsgewißheiten. Er ist eine dunkle, bilder- und phantasiereiche Metapher dafür, daß wir nur sehen (und verstehen), was wir sehen wollen, und daß sich die Welt für uns nur dann zu verändern scheint, wenn wir die Augen schließen.

Aus dem Italienischen von Iris Schnebel-Kaschnitz

Quartheft 185. 112 Seiten